TADZJIEKS
WOORDENSCHAT

THEMATISCHE WOORDENLIJST

NEDERLANDS
TADZJIEKS

De meest bruikbare woorden
Om uw woordenschat uit te breiden en
uw taalvaardigheid aan te scherpen

7000 woorden

Thematische woordenschat Nederlands-Tadzjieks - 7000 woorden

Door Andrey Taranov

Woordenlijsten van T&P Books zijn bedoeld om u woorden van een vreemde taal te helpen leren, onthouden, en bestudering. Dit woordenboek is ingedeeld in thema's en behandelt alle belangrijk terreinen van het dagelijkse leven, bedrijven, wetenschap, cultuur, etc.

Het proces van het leren van woorden met behulp van de op thema's gebaseerde aanpak van T&P Books biedt u de volgende voordelen:

- Correct gegroepeerde informatie is bepalend voor succes bij opeenvolgende stadia van het leren van woorden
- De beschikbaarheid van woorden die van dezelfde stam zijn maakt het mogelijk om woordgroepen te onthouden (in plaats van losse woorden)
- Kleine groepen van woorden faciliteren het proces van het aanmaken van associatieve verbindingen, die nodig zijn bij het consolideren van de woordenschat
- Het niveau van talenkennis kan worden ingeschat door het aantal geleerde woorden

T&P Books Publishing
www.tpbooks.com

ISBN: 978-1-78492-322-8

Dit boek is ook beschikbaar in e-boek formaat.
Gelieve www.tpbooks.com te bezoeken of de belangrijkste online boekwinkels.

TADZJIEKSE WOORDENSCHAT
nieuwe woorden leren

T&P Books woordenlijsten zijn bedoeld om u te helpen vreemde woorden te leren, te onthouden, en te bestuderen. De woordenschat bevat meer dan 7000 veel gebruikte woorden die thematisch geordend zijn.

- De woordenlijst bevat de meest gebruikte woorden
- Aanbevolen als aanvulling bij welke taalcursus dan ook
- Voldoet aan de behoeften van de beginnende en gevorderde student in vreemde talen
- Geschikt voor dagelijks gebruik, bestudering en zelftestactiviteiten
- Maakt het mogelijk om uw woordenschat te evalueren

Bijzondere kenmerken van de woordenschat

- De woorden zijn gerangschikt naar hun betekenis, niet volgens alfabet
- De woorden worden weergegeven in drie kolommen om bestudering en zelftesten te vergemakkelijken
- Woorden in groepen worden verdeeld in kleine blokken om het leerproces te vergemakkelijken
- De woordenschat biedt een handige en eenvoudige beschrijving van elk buitenlands woord

De woordenschat bevat 198 onderwerpen zoals:

Basisconcepten, getallen, kleuren, maanden, seizoenen, meeteenheden, kleding en accessoires, eten & voeding, restaurant, familieleden, verwanten, karakter, gevoelens, emoties, ziekten, stad, dorp, bezienswaardigheden, winkelen, geld, huis, thuis, kantoor, werken op kantoor, import & export, marketing, werk zoeken, sport, onderwijs, computer, internet, gereedschap, natuur, landen, nationaliteiten en meer ...

INHOUDSOPGAVE

UITSPRAAKGIDS

Letter	Tadzjieks voorbeeld	T&P fonetisch alfabet	Nederlands voorbeeld
А а	Раҳмат!	[a]	acht
Б б	бесоҳиб	[b]	hebben
В в	вафодорӣ	[v]	beloven, schrijven
Г г	гулмоҳӣ	[g]	goal, tango
Ғ ғ	мурғобӣ	[ʁ]	gutturale R
Д д	мадд	[d]	Dank u, honderd
Е е	телескоп	[e:]	twee, ongeveer
Ё ё	сайёра	[jɔ]	New York, jongen
Ж ж	аждаҳо	[ʒ]	journalist, rouge
З з	сӯзанда	[z]	zeven, zesde
И и	шифт	[i]	bidden, tint
Ӣ ӣ	обчакорӣ	[i:]	team, portier
Й й	ҳайкал	[j]	New York, januari
К к	коргардон	[k]	kennen, kleur
Қ қ	нуқта	[q]	kennen, kleur
Л л	пилла	[l]	delen, luchter
М м	мусиқачӣ	[m]	morgen, etmaal
Н н	нонвой	[n]	nemen, zonder
О о	посбон	[o:]	rood, knoop
П п	папка	[p]	parallel, koper
Р р	чароғак	[r]	roepen, breken
С с	суръат	[s]	spreken, kosten
Т т	тарқиш	[t]	tomaat, taart
У у	муҳаррик	[u]	hoed, doe
Ӯ ӯ	кӯшк	[œ]	Duits - 'Hölle'
Ф ф	фурӯш	[f]	feestdag, informeren
Х х	хушксолӣ	[x]	licht, school
Ҳ ҳ	чарогоҳ	[h]	het, herhalen
Ч ч	чароғ	[ʧ]	Tsjechië, cello
Ҷ ҷ	ҷанҷол	[dʒ]	jeans, jungle
Ш ш	нашриёт	[ʃ]	shampoo, machine
Ъ ъ '	таърихдон	[:], [']	zonder klank
Э э	эҳтимолӣ	[ɛ]	elf, zwembad
Ю ю	юнонӣ	[ju]	jullie, aquarium
Я я	яхбурча	[ja]	signaal, Spanjaard

Opmerkingen

[1] [:] - Verlengt de voorgaande klinker; ['] - na medeklinkers wordt gebruikt als een "harde teken"

AFKORTINGEN
gebruikt in de woordenschat

Nederlandse afkortingen

abn	-	als bijvoeglijk naamwoord
bijv.	-	bijvoorbeeld
bn	-	bijvoeglijk naamwoord
bw	-	bijwoord
enk.	-	enkelvoud
enz.	-	enzovoort
form.	-	formele taal
inform.	-	informele taal
mann.	-	mannelijk
mil.	-	militair
mv.	-	meervoud
on.ww.	-	onovergankelijk werkwoord
ontelb.	-	ontelbaar
ov.	-	over
ov.ww.	-	overgankelijk werkwoord
telb.	-	telbaar
vn	-	voornaamwoord
vrouw.	-	vrouwelijk
vw	-	voegwoord
vz	-	voorzetsel
wisk.	-	wiskunde
ww	-	werkwoord

Nederlandse artikelen

de	-	gemeenschappelijk geslacht
de/het	-	gemeenschappelijk geslacht, onzijdig
het	-	onzijdig

BASISBEGRIPPEN

Basisbegrippen Deel 1

1. Voornaamwoorden

ik	ман	[man]
jij, je	ту	[tu]
hij	ӯ, вай	[œ], [vaj]
zij, ze	ӯ, вай	[œ], [vaj]
het	он	[on]
wij, we	мо	[mo]
jullie	шумо	[ʃumo]
U (form., enk.)	Шумо	[ʃumo]
U (form., mv.)	Шумо	[ʃumo]
zij, ze (levenloos)	онон	[onon]
zij, ze (levend)	онҳо, вайҳо	[onho], [vajho]

2. Begroetingen. Begroetingen. Afscheid

Hallo! Dag!	Салом!	[salom]
Hallo!	Ассалом!	[assalom]
Goedemorgen!	Субҳатон ба хайр!	[subhaton ba χajr]
Goedemiddag!	Рӯз ба хайр!	[rœz ba χajr]
Goedenavond!	Шом ба хайр!	[ʃom ba χajr]
gedag zeggen (groeten)	саломалейк кардан	[salomalejk kardan]
Hoi!	Ассалом! Салом!	[assalom salom]
groeten (het)	вохӯрдӣ	[voχœrdi:]
verwelkomen (ww)	вохӯрдӣ кардан	[voχœrdi: kardan]
Hoe gaat het met u?	Корҳоятон чӣ хел?	[korhojaton tʃi: χel]
Hoe is het?	Корҳоят чӣ хел?	[korhojat tʃi: χel]
Is er nog nieuws?	Чӣ навигарӣ?	[tʃi: navigari:]
Tot ziens! (form.)	То дидан!	[to didan]
Doei!	Хайр!	[χajr]
Tot snel! Tot ziens!	То вохӯрии наздик!	[to voχœri:i nazdik]
Vaarwel! (inform.)	Падруд!	[padrud]
Vaarwel! (form.)	Хайрбод! Падруд!	[χajrbod padrud]
afscheid nemen (ww)	падруд гуфтан	[padrud guftan]
Tot kijk!	Хайр!	[χajr]
Dank u!	Раҳмат!	[rahmat]
Dank u wel!	Бисёр раҳмат!	[bisjɔr rahmat]

Dutch	Tajik	IPA
Graag gedaan	Марҳамат!	[marhamat]
Geen dank!	Намеарзад	[namearzad]
Geen moeite.	Намеарзад	[namearzad]
Excuseer me, … (inform.)	Бубахш!	[bubaχʃ]
Excuseer me, … (form.)	Бубахшед!	[bubaχʃed]
excuseren (verontschuldigen)	афв кардан	[afv kardan]
zich verontschuldigen	узр пурсидан	[uzr pursidan]
Mijn excuses.	Маро бубахшед	[maro bubaχʃed]
Het spijt me!	Бубахшед!	[bubaχʃed]
vergeven (ww)	бахшидан	[baχʃidan]
Maakt niet uit!	Ҳеч гап не	[heʧ gap ne]
alsjeblieft	илтимос	[iltimos]
Vergeet het niet!	Фаромӯш накунед!	[faromœʃ nakuned]
Natuurlijk!	Албатта!	[albatta]
Natuurlijk niet!	Албатта не!	[albatta ne]
Akkoord!	Розй!	[rozi:]
Zo is het genoeg!	Бас!	[bas]

3. Kardinale getallen. Deel 1

Dutch	Tajik	IPA
nul	сифр	[sifr]
een	як	[jak]
twee	ду	[du]
drie	се	[se]
vier	чор, чаҳор	[ʧor], [ʧahor]
vijf	панч	[panʤ]
zes	шаш	[ʃaʃ]
zeven	ҳафт	[haft]
acht	ҳашт	[haʃt]
negen	нуҳ	[nuh]
tien	даҳ	[dah]
elf	ёздаҳ	[jɔzdah]
twaalf	дувоздаҳ	[duvozdah]
dertien	сездаҳ	[sezdah]
veertien	чордаҳ	[ʧordah]
vijftien	понздаҳ	[ponzdah]
zestien	шонздаҳ	[ʃonzdah]
zeventien	ҳафдаҳ	[hafdah]
achttien	ҳаждаҳ	[haʒdah]
negentien	нуздаҳ	[nuzdah]
twintig	бист	[bist]
eenentwintig	бисту як	[bistu jak]
tweeëntwintig	бисту ду	[bistu du]
drieëntwintig	бисту се	[bistu se]
dertig	сй	[si:]
eenendertig	сию як	[siju jak]

| tweeëndertig | сию ду | [siju du] |
| drieëndertig | сию се | [siju se] |

veertig	чил	[tʃil]
eenenveertig	чилу як	[tʃilu jak]
tweeënveertig	чилу ду	[tʃilu du]
drieënveertig	чилу се	[tʃilu se]

vijftig	панҷоҳ	[pandʒoh]
eenenvijftig	панҷоху як	[pandʒohu jak]
tweeënvijftig	панҷоху ду	[pandʒohu du]
drieënvijftig	панҷоху се	[pandʒohu se]

zestig	шаст	[ʃast]
eenenzestig	шасту як	[ʃastu jak]
tweeënzestig	шасту ду	[ʃastu du]
drieënzestig	шасту се	[ʃastu se]

zeventig	ҳафтод	[haftod]
eenenzeventig	ҳафтоду як	[haftodu jak]
tweeënzeventig	ҳафтоду ду	[haftodu du]
drieënzeventig	ҳафтоду се	[haftodu se]

tachtig	ҳаштод	[haʃtod]
eenentachtig	ҳаштоду як	[haʃtodu jak]
tweeëntachtig	ҳаштоду ду	[haʃtodu du]
drieëntachtig	ҳаштоду се	[haʃtodu se]

negentig	навад	[navad]
eenennegentig	наваду як	[navadu jak]
tweeënnegentig	наваду ду	[navadu du]
drieënnegentig	наваду се	[navadu se]

4. Kardinale getallen. Deel 2

honderd	сад	[sad]
tweehonderd	дусад	[dusad]
driehonderd	сесад	[sesad]
vierhonderd	чорсад, чаҳорсад	[tʃorsad], [tʃahorsad]
vijfhonderd	панҷсад	[pandʒsad]

zeshonderd	шашсад	[ʃaʃsad]
zevenhonderd	ҳафтсад	[haftsad]
achthonderd	ҳаштсад	[haʃtsad]
negenhonderd	нӯҳсадум	[nœhsadum]

duizend	ҳазор	[hazor]
tweeduizend	ду ҳазор	[du hazor]
drieduizend	се ҳазор	[se hazor]
tienduizend	даҳ ҳазор	[dah hazor]
honderdduizend	сад ҳазор	[sad hazor]

| miljoen (het) | миллион | [million] |
| miljard (het) | миллиард | [milliard] |

5. Getallen. Breuken

breukgetal (het)	каср	[kasr]
half	аз ду як ҳисса	[az du jak hissa]
een derde	аз се як ҳисса	[az se jak hissa]
kwart	аз чор як ҳисса	[az tʃor jak hissa]
een achtste	аз ҳашт як ҳисса	[az haʃt jak hissa]
een tiende	аз даҳ як ҳисса	[az dah jak hissa]
twee derde	аз се ду ҳисса	[az se du hissa]
driekwart	аз чор се ҳисса	[az tʃor se hissa]

6. Getallen. Eenvoudige berekeningen

aftrekking (de)	тарҳ	[tarh]
aftrekken (ww)	тарҳ кардан	[tarh kardan]
deling (de)	тақсим	[taqsim]
delen (ww)	тақсим кардан	[taqsim kardan]
optelling (de)	ҷамъ кардани	[dʒam' kardani]
erbij optellen	ҷамъ кардан	[dʒam' kardan]
(bij elkaar voegen)		
optellen (ww)	ҷамъ кардан	[dʒam' kardan]
vermenigvuldiging (de)	зарб, зарбзанӣ	[zarb], [zarbzani:]
vermenigvuldigen (ww)	зарб задан	[zarb zadan]

7. Getallen. Diversen

cijfer (het)	рақам	[raqam]
nummer (het)	адад	[adad]
telwoord (het)	шумора	[ʃumora]
minteken (het)	тарҳ	[tarh]
plusteken (het)	ҷамъ	[dʒam']
formule (de)	формула	[formula]
berekening (de)	ҳисоб кардани	[hisob kardani]
tellen (ww)	шумурдан	[ʃumurdan]
bijrekenen (ww)	ҳисоб кардан	[hisob kardan]
vergelijken (ww)	муқоиса кардан	[muqoisa kardan]
Hoeveel? (ontelb.)	Чӣ қадар?	[tʃi: qadar]
Hoeveel? (telb.)	Чанд-то?	[tʃand-to]
som (de), totaal (het)	ҳосили ҷамъ	[hosili dʒam']
uitkomst (de)	натиҷа	[natidʒa]
rest (de)	бақия	[baqija]
enkele (bijv. ~ minuten)	якчанд	[jaktʃand]
weinig (bw)	чанд	[tʃand]
restant (het)	боқимонда	[boqimonda]
anderhalf	якуним	[jakunim]
middendoor (bw)	ним	[nim]

even (bw)	баробар	[barobar]
helft (de)	нисф	[nisf]
keer (de)	бор	[bor]

8. De belangrijkste werkwoorden. Deel 1

aanbevelen (ww)	маслиҳат додан	[maslihat dodan]
aandringen (ww)	сахт истодан	[saχt istodan]
aankomen (per auto, enz.)	расидан	[rasidan]
aanraken (ww)	даст расондан	[dast rasondan]
adviseren (ww)	маслиҳат додан	[maslihat dodan]

afdalen (on.ww.)	фуромадан	[furomadan]
afslaan (naar rechts ~)	гардонидан	[gardonidan]
antwoorden (ww)	ҷавоб додан	[dʒavob dodan]
bang zijn (ww)	тарсидан	[tarsidan]
bedreigen (bijv. met een pistool)	дӯғ задан	[dœʁ zadan]

bedriegen (ww)	фирефтан	[fireftan]
beëindigen (ww)	тамом кардан	[tamom kardan]
beginnen (ww)	сар кардан	[sar kardan]
begrijpen (ww)	фаҳмидан	[fahmidan]
beheren (managen)	сардорӣ кардан	[sardori: kardan]

beledigen (met scheldwoorden)	таҳқир кардан	[tahqir kardan]
beloven (ww)	ваъда додан	[va'da dodan]
bereiden (koken)	пухтан	[puχtan]
bespreken (spreken over)	муҳокима кардан	[muhokima kardan]

bestellen (eten ~)	супоридан	[suporidan]
bestraffen (een stout kind ~)	ҷазо додан	[dʒazo dodan]
betalen (ww)	пул додан	[pul dodan]
betekenen (beduiden)	маъно доштан	[ma'no doʃtan]
betreuren (ww)	таассуф хӯрдан	[taassuf χœrdan]

bevallen (prettig vinden)	форидан	[foridan]
bevelen (mil.)	фармон додан	[farmon dodan]
bevrijden (stad, enz.)	озод кардан	[ozod kardan]
bewaren (ww)	нигоҳ доштан	[nigoh doʃtan]
bezitten (ww)	соҳиб будан	[sohib budan]

bidden (praten met God)	намоз хондан	[namoz χondan]
binnengaan (een kamer ~)	даромадан	[daromadan]
breken (ww)	шикастан	[ʃikastan]
controleren (ww)	назорат кардан	[nazorat kardan]
creëren (ww)	офаридан	[ofaridan]

deelnemen (ww)	иштирок кардан	[iʃtirok kardan]
denken (ww)	фикр кардан	[fikr kardan]
doden (ww)	куштан	[kuʃtan]
doen (ww)	кардан	[kardan]
dorst hebben (ww)	об хостан	[ob χostan]

9. De belangrijkste werkwoorden. Deel 2

een hint geven	луқма додан	[luqma dodan]
eisen (met klem vragen)	талаб кардан	[talab kardan]
excuseren (vergeven)	афв кардан	[afv kardan]
existeren (bestaan)	зиндагӣ кардан	[zindagi: kardan]
gaan (te voet)	рафтан	[raftan]
gaan zitten (ww)	нишастан	[niʃastan]
gaan zwemmen	оббозӣ кардан	[obbozi: kardan]
geven (ww)	додан	[dodan]
glimlachen (ww)	табассум кардан	[tabassum kardan]
goed raden (ww)	ёфтан	[jɔftan]
grappen maken (ww)	шӯхӣ кардан	[ʃœχi: kardan]
graven (ww)	кофтан	[koftan]
hebben (ww)	доштан	[doʃtan]
helpen (ww)	кумак кардан	[kumak kardan]
herhalen (opnieuw zeggen)	такрор кардан	[takror kardan]
honger hebben (ww)	хӯрок хостан	[χœrok χostan]
hopen (ww)	умед доштан	[umed doʃtan]
horen	шунидан	[ʃunidan]
(waarnemen met het oor)		
huilen (wenen)	гиря кардан	[girja kardan]
huren (huis, kamer)	ба иҷора гирифтан	[ba idʒora giriftan]
informeren (informatie geven)	ахборот додан	[aχborot dodan]
instemmen (akkoord gaan)	розигӣ додан	[rozigi: dodan]
jagen (ww)	шикор кардан	[ʃikor kardan]
kennen (kennis hebben van iemand)	донистан	[donistan]
kiezen (ww)	интихоб кардан	[intiχob kardan]
klagen (ww)	шикоят кардан	[ʃikojat kardan]
kosten (ww)	арзидан	[arzidan]
kunnen (ww)	тавонистан	[tavonistan]
lachen (ww)	хандидан	[χandidan]
laten vallen (ww)	афтондан	[aftondan]
lezen (ww)	хондан	[χondan]
liefhebben (ww)	дӯст доштан	[dœst doʃtan]
lunchen (ww)	хӯроки пешин хӯрдан	[χœroki peʃin χœrdan]
nemen (ww)	гирифтан	[giriftan]
nodig zijn (ww)	даркор будан	[darkor budan]

10. De belangrijkste werkwoorden. Deel 3

onderschatten (ww)	хунукназарӣ кардан	[χunuknazari: kardan]
ondertekenen (ww)	имзо кардан	[imzo kardan]
ontbijten (ww)	ноништа кардан	[noniʃta kardan]
openen (ww)	кушодан	[kuʃodan]

ophouden (ww)	бас кардан	[bas kardan]
opmerken (zien)	дида мондан	[dida mondan]

opscheppen (ww)	худситой кардан	[χudsitoi: kardan]
opschrijven (ww)	навиштан	[naviʃtan]
plannen (ww)	нақша кашидан	[naqʃa kaʃidan]
prefereren (verkiezen)	бехтар донистан	[beχtar donistan]
proberen (trachten)	озмоиш кардан	[ozmoiʃ kardan]
redden (ww)	начот додан	[nadʒot dodan]

rekenen op ...	умед бастан	[umed bastan]
rennen (ww)	давидан	[davidan]
reserveren	нигох доштан	[nigoh doʃtan]
(een hotelkamer ~)		
roepen (om hulp)	чеғ задан	[dʒeʁ zadan]
schieten (ww)	тир задан	[tir zadan]
schreeuwen (ww)	дод задан	[dod zadan]

schrijven (ww)	навиштан	[naviʃtan]
souperen (ww)	хӯроки шом хӯрдан	[χœroki ʃom χœrdan]
spelen (kinderen)	бозӣ кардан	[bozi: kardan]
spreken (ww)	гап задан	[gap zadan]
stelen (ww)	дуздидан	[duzdidan]
stoppen (pauzeren)	истодан	[istodan]

studeren (Nederlands ~)	омӯхтан	[omœχtan]
sturen (zenden)	ирсол кардан	[irsol kardan]
tellen (optellen)	ҳисоб кардан	[hisob kardan]
toebehoren ...	таалуқ доштан	[taaluq doʃtan]
toestaan (ww)	ичозат додан	[idʒozat dodan]
tonen (ww)	нишон додан	[niʃon dodan]

twijfelen (onzeker zijn)	шак доштан	[ʃak doʃtan]
uitgaan (ww)	баромадан	[baromadan]
uitnodigen (ww)	даъват кардан	[da'vat kardan]
uitspreken (ww)	талаффуз кардан	[talaffuz kardan]
uitvaren tegen (ww)	дашном додан	[daʃnom dodan]

11. De belangrijkste werkwoorden. Deel 4

vallen (ww)	афтодан	[aftodan]
vangen (ww)	доштан	[doʃtan]
veranderen (anders maken)	иваз кардан	[ivaz kardan]
verbaasd zijn (ww)	ба ҳайрат афтодан	[ba hajrat aftodan]
verbergen (ww)	пинхон кардан	[pinhon kardan]

verdedigen (je land ~)	мухофиза кардан	[muhofiza kardan]
verenigen (ww)	якчоя кардан	[jakdʒoja kardan]
vergelijken (ww)	муқоиса кардан	[muqoisa kardan]
vergeten (ww)	фаромӯш кардан	[faromœʃ kardan]
vergeven (ww)	бахшидан	[baχʃidan]

verklaren (uitleggen)	шарх додан	[ʃarh dodan]
verkopen (per stuk ~)	фурӯхтан	[furœχtan]

vermelden (praten over)	гуфта гузаштан	[gufta guzaʃtan]
versieren (decoreren)	оростан	[orostan]
vertalen (ww)	тарчума кардан	[tardʒuma kardan]

vertrouwen (ww)	бовар кардан	[bovar kardan]
vervolgen (ww)	давомат кардан	[davomat kardan]
verwarren (met elkaar ~)	иштибох кардан	[iʃtiboh kardan]
verzoeken (ww)	пурсидан	[pursidan]
verzuimen (school, enz.)	набудан	[nabudan]

vinden (ww)	ёфтан	[joftan]
vliegen (ww)	паридан	[paridan]
volgen (ww)	рафтан	[raftan]
voorstellen (ww)	таклиф кардан	[taklif kardan]
voorzien (verwachten)	пешбинй кардан	[peʃbini: kardan]
vragen (ww)	пурсидан	[pursidan]

waarnemen (ww)	назорат кардан	[nazorat kardan]
waarschuwen (ww)	танбех додан	[tanbeh dodan]
wachten (ww)	поидан	[poidan]
weerspreken (ww)	зид баромадан	[zid baromadan]
weigeren (ww)	рад кардан	[rad kardan]

werken (ww)	кор кардан	[kor kardan]
weten (ww)	донистан	[donistan]
willen (verlangen)	хостан	[χostan]
zeggen (ww)	гуфтан	[guftan]
zich haasten (ww)	шитоб кардан	[ʃitob kardan]

zich interesseren voor ...	хавас кардан	[havas kardan]
zich vergissen (ww)	хато кардан	[χato kardan]
zich verontschuldigen	узр пурсидан	[uzr pursidan]
zien (ww)	дидан	[didan]

zijn (ww)	будан	[budan]
zoeken (ww)	чустан	[dʒustan]
zwemmen (ww)	шино кардан	[ʃino kardan]
zwijgen (ww)	хомӯш будан	[χomœʃ budan]

12. Kleuren

kleur (de)	ранг	[rang]
tint (de)	тобиш	[tobiʃ]
kleurnuance (de)	тобиш, лавн	[tobiʃ], [lavn]
regenboog (de)	рангинкамон	[ranginkamon]

wit (bn)	сафед	[safed]
zwart (bn)	сиёх	[sijoh]
grijs (bn)	адкан	[adkan]

groen (bn)	сабз, кабуд	[sabz], [kabud]
geel (bn)	зард	[zard]
rood (bn)	сурх, аргувонӣ	[surχ], [arʁuvoni:]
blauw (bn)	кабуд	[kabud]

lichtblauw (bn)	осмонӣ	[osmoni:]
roze (bn)	гулобӣ	[gulobi:]
oranje (bn)	норанҷӣ	[norandʒi:]
violet (bn)	бунафш	[bunafʃ]
bruin (bn)	қаҳвагӣ	[qahvagi:]

| goud (bn) | тиллоранг | [tillorang] |
| zilverkleurig (bn) | нуқрафом | [nuqrafom] |

beige (bn)	каҳваранг	[kahvarang]
roomkleurig (bn)	зардтоб	[zardtob]
turkoois (bn)	фирӯзаранг	[firœzarang]
kersrood (bn)	олуболугӣ	[olubolugi:]
lila (bn)	бунафш, нофармон	[bunafʃ], [nofarmon]
karmijnrood (bn)	сурхи сиеҳтоб	[surχi siehtob]

licht (bn)	кушод	[kuʃod]
donker (bn)	торик	[torik]
fel (bn)	тоза	[toza]

kleur-, kleurig (bn)	ранга	[ranga]
kleuren- (abn)	ранга	[ranga]
zwart-wit (bn)	сиёху сафед	[sijɔhu safed]

| eenkleurig (bn) | якранга | [jakranga] |
| veelkleurig (bn) | рангоранг | [rangorang] |

13. Vragen

Wie?	Кӣ?	[ki:]
Wat?	Чӣ?	[tʃi:]
Waar?	Дар куҷо?	[dar kudʒo]
Waarheen?	Куҷо?	[kudʒo]
Waar ... vandaan?	Аз куҷо?	[az kudʒo]
Wanneer?	Кай?	[kaj]

| Waarom? | Барои чӣ? | [baroi tʃi:] |
| Waarom? | Барои чӣ? | [baroi tʃi:] |

| Waarvoor dan ook? | Барои чӣ? | [baroi tʃi:] |
| Hoe? | Чӣ хел? | [tʃi: χel] |

| Wat voor ...? | Кадом? | [kadom] |
| Welk? | Чанд? Чандум? | [tʃand tʃandum] |

| Aan wie? | Ба кӣ? | [ba ki:] |
| Over wie? | Дар бораи кӣ? | [dar borai ki:] |

| Waarover? | Дар бораи чӣ? | [dar borai tʃi:] |
| Met wie? | Бо кӣ? | [bo ki:] |

Hoeveel? (telb.)	Чанд-то?	[tʃand-to]
Hoeveel? (ontelb.)	Чӣ қадар?	[tʃi: qadar]
Van wie?	Аз они кӣ?	[az oni ki:]

14. Functiewoorden. Bijwoorden. Deel 1

Waar?	Дар кучо?	[dar kudʒo]
hier (bw)	ин чо	[in dʒo]
daar (bw)	он чо	[on dʒo]

| ergens (bw) | дар кучое | [dar kudʒoe] |
| nergens (bw) | дар хеч чо | [dar hedʒ dʒo] |

| bij ... (in de buurt) | дар назди ... | [dar nazdi] |
| bij het raam | дар назди тиреза | [dar nazdi tireza] |

Waarheen?	Кучо?	[kudʒo]
hierheen (bw)	ин чо	[in tʃo]
daarheen (bw)	ба он чо	[ba on dʒo]
hiervandaan (bw)	аз ин чо	[az in dʒo]
daarvandaan (bw)	аз он чо	[az on dʒo]

| dichtbij (bw) | наздик | [nazdik] |
| ver (bw) | дур | [dur] |

in de buurt (van ...)	дар бари	[dar bari]
vlakbij (bw)	бисёр наздик	[bisjɔr nazdik]
niet ver (bw)	наздик	[nazdik]

linker (bn)	чап	[tʃap]
links (bw)	аз чап	[az tʃap]
linksaf, naar links (bw)	ба тарафи чап	[ba tarafi tʃap]

rechter (bn)	рост	[rost]
rechts (bw)	аз рост	[az rost]
rechtsaf, naar rechts (bw)	ба тарафи рост	[ba tarafi rost]

vooraan (bw)	аз пеш	[az peʃ]
voorste (bn)	пешин	[peʃin]
vooruit (bw)	ба пеш	[ba peʃ]

achter (bw)	дар қафои	[dar qafoi]
van achteren (bw)	аз қафо	[az qafo]
achteruit (naar achteren)	ақиб	[aqib]

| midden (het) | миёна | [mijɔna] |
| in het midden (bw) | дар миёна | [dar mijɔna] |

opzij (bw)	аз паҳлу	[az pahlu]
overal (bw)	дар ҳар чо	[dar har dʒo]
omheen (bw)	гирду атроф	[girdu atrof]

binnenuit (bw)	аз дарун	[az darun]
naar ergens (bw)	ба ким-кучо	[ba kim-kudʒo]
rechtdoor (bw)	миёнбур карда	[mijɔnbur karda]
terug (bijv. ~ komen)	ба ақиб	[ba aqib]
ergens vandaan (bw)	аз ягон чо	[az jagon dʒo]
ergens vandaan (en dit geld moet ~ komen)	аз як чо	[az jak dʒo]

ten eerste (bw)	аввалан	[avvalan]
ten tweede (bw)	дуюм	[dujum]
ten derde (bw)	сеюм	[sejum]

plotseling (bw)	ногоҳ, баногоҳ	[nogoh], [banogoh]
in het begin (bw)	дар аввал	[dar avval]
voor de eerste keer (bw)	якумин	[jakumin]
lang voor ... (bw)	хеле пеш	[χele peʃ]
opnieuw (bw)	аз нав	[az nav]
voor eeuwig (bw)	тамоман	[tamoman]

nooit (bw)	ҳеҷ гоҳ	[heʤ goh]
weer (bw)	боз, аз дигар	[boz], [az digar]
nu (bw)	акнун	[aknun]
vaak (bw)	тез-тез	[tez-tez]
toen (bw)	он вақт	[on vaqt]
urgent (bw)	зуд, фавран	[zud], [favran]
meestal (bw)	одатан	[odatan]

trouwens, ... (tussen haakjes)	воқеан	[voqean]
mogelijk (bw)	шояд	[ʃojad]
waarschijnlijk (bw)	эҳтимол	[ɛhtimol]
misschien (bw)	эҳтимол, шояд	[ɛhtimol], [ʃojad]
trouwens (bw)	ғайр аз он	[ʁajr az on]
daarom ...	бинобар ин	[binobar in]
in weerwil van ...	ба ин нигоҳ накарда	[ba in nigoh nakarda]
dankzij ...	ба туфайли ...	[ba tufajli]

wat (vn)	чӣ	[tʃiː]
dat (vw)	ки	[ki]
iets (vn)	чизе	[tʃize]
iets	ягон чиз	[jagon tʃiz]
niets (vn)	ҳеҷ чиз	[heʤ tʃiz]

wie (~ is daar?)	кӣ	[kiː]
iemand (een onbekende)	ким-кӣ	[kim-kiː]
iemand (een bepaald persoon)	касе	[kase]

niemand (vn)	ҳеҷ кас	[heʤ kas]
nergens (bw)	ба ҳеҷ куҷо	[ba heʤ kuʤo]
niemands (bn)	бесоҳиб	[besohib]
iemands (bn)	аз они касе	[az oni kase]

zo (Ik ben ~ blij)	чунон	[tʃunon]
ook (evenals)	ҳам	[ham]
alsook (eveneens)	низ, ҳам	[niz], [ham]

15. Functiewoorden. Bijwoorden. Deel 2

Waarom?	Барои чӣ?	[baroi tʃiː]
om een bepaalde reden	бо ким-кадом сабаб	[bo kim-kadom sabab]
omdat ...	зеро ки	[zero ki]

voor een bepaald doel	барои чизе	[baroi ʧize]
en (vw)	ва, … у, … ю	[va], [u], [ju]
of (vw)	ё	[jɔ]
maar (vw)	аммо, лекин	[ammo], [lekin]
voor (vz)	барои	[baroi]

te (~ veel mensen)	аз меъёр зиёд	[az me'jɔr zijɔd]
alleen (bw)	фақат	[faqat]
precies (bw)	айнан	[ajnan]
ongeveer (~ 10 kg)	тақрибан	[taqriban]

omstreeks (bw)	тақрибан	[taqriban]
bij benadering (bn)	тақрибӣ	[taqribi:]
bijna (bw)	қариб	[qarib]
rest (de)	боқимонда	[boqimonda]

de andere (tweede)	дигар	[digar]
ander (bn)	дигар	[digar]
elk (bn)	ҳар	[har]
om het even welk	ҳар	[har]
veel (grote hoeveelheid)	бисёр, хеле	[bisjɔr], [xele]
veel mensen	бисёриҳо	[bisjɔriho]
iedereen (alle personen)	ҳама	[hama]

in ruil voor …	ба ивази	[ba ivazi]
in ruil (bw)	ба ивазаш	[ba ivazaʃ]
met de hand (bw)	дастӣ	[dasti:]
onwaarschijnlijk (bw)	ба гумон	[ba gumon]

waarschijnlijk (bw)	эҳтимол, шояд	[ɛhtimol], [ʃojad]
met opzet (bw)	барқасд	[barqasd]
toevallig (bw)	тасодуфан	[tasodufan]

zeer (bw)	хеле	[xele]
bijvoorbeeld (bw)	масалан, чунончи	[masalan], [ʧunonʧi]
tussen (~ twee steden)	дар байни	[dar bajni]
tussen (te midden van)	дар байни …	[dar bajni]
zoveel (bw)	ин қадар	[in qadar]
vooral (bw)	хусусан	[xususan]

Basisbegrippen Deel 2

16. Dagen van de week

maandag (de)	душанбе	[duʃanbe]
dinsdag (de)	сешанбе	[seʃanbe]
woensdag (de)	чоршанбе	[ʧorʃanbe]
donderdag (de)	панчшанбе	[panʤʃanbe]
vrijdag (de)	ҷумъа	[ʤum'a]
zaterdag (de)	шанбе	[ʃanbe]
zondag (de)	якшанбе	[jakʃanbe]

vandaag (bw)	имрӯз	[imrœz]
morgen (bw)	пагоҳ, фардо	[pagoh], [fardo]
overmorgen (bw)	пасфардо	[pasfardo]
gisteren (bw)	дирӯз, дина	[dirœz], [dina]
eergisteren (bw)	парирӯз	[parirœz]

dag (de)	рӯз	[rœz]
werkdag (de)	рӯзи кор	[rœzi kor]
feestdag (de)	рӯзи ид	[rœzi id]
verlofdag (de)	рӯзи истироҳат	[rœzi istirohat]
weekend (het)	рӯзҳои истироҳат	[rœzhoi istirohat]

de hele dag (bw)	тамоми рӯз	[tamomi rœz]
de volgende dag (bw)	рӯзи дигар	[rœzi digar]
twee dagen geleden	ду рӯз пеш	[du rœz peʃ]
aan de vooravond (bw)	як рӯз пеш	[jak rœz peʃ]
dag-, dagelijks (bn)	ҳаррӯза	[harrœza]
elke dag (bw)	ҳар рӯз	[har rœz]

week (de)	ҳафта	[hafta]
vorige week (bw)	ҳафтаи гузашта	[haftai guzaʃta]
volgende week (bw)	ҳафтаи оянда	[haftai ojanda]
wekelijks (bn)	ҳафтаина	[haftaina]
elke week (bw)	ҳар ҳафта	[har hafta]
twee keer per week	ҳафтае ду маротиба	[haftae du marotiba]
elke dinsdag	ҳар сешанбе	[har seʃanbe]

17. Uren. Dag en nacht

morgen (de)	пагоҳӣ	[pagohi:]
's morgens (bw)	пагоҳирӯзӣ	[pagohirœzi:]
middag (de)	нисфи рӯз	[nisfi rœz]
's middags (bw)	баъди пешин	[ba'di peʃin]

avond (de)	бегоҳ, бегоҳирӯз	[begoh], [begohirœz]
's avonds (bw)	бегоҳӣ, бегоҳирӯзӣ	[begohi:], [begohirœzi:]

nacht (de)	шаб	[ʃab]
's nachts (bw)	шабона	[ʃabona]
middernacht (de)	нисфи шаб	[nisfi ʃab]

seconde (de)	сония	[sonija]
minuut (de)	дақиқа	[daqiqa]
uur (het)	соат	[soat]
halfuur (het)	нимсоат	[nimsoat]
kwartier (het)	чоряки соат	[tʃorjaki soat]
vijftien minuten	понздаҳ дақиқа	[ponzdah daqiqa]
etmaal (het)	шабонарӯз	[ʃabonarœz]

zonsopgang (de)	тулӯъ	[tulœ']
dageraad (de)	субҳидам	[subhidam]
vroege morgen (de)	субҳи барвақт	[subhi barvaqt]
zonsondergang (de)	ғуруби офтоб	[ʁurubi oftob]

's morgens vroeg (bw)	субҳи барвақт	[subhi barvaqt]
vanmorgen (bw)	имрӯз пагоҳӣ	[imrœz pagohi:]
morgenochtend (bw)	пагоҳ саҳарӣ	[pagoh sahari:]
vanmiddag (bw)	имрӯз	[imrœz]
's middags (bw)	баъди пешин	[ba'di peʃin]
morgenmiddag (bw)	пагоҳ баъди пешин	[pagoh ba'di peʃin]
vanavond (bw)	ҳамин бегоҳ	[hamin begoh]
morgenavond (bw)	фардо бегоҳӣ	[fardo begohi:]

klokslag drie uur	расо соати се	[raso soati se]
ongeveer vier uur	наздикии соати чор	[nazdiki:i soati tʃor]
tegen twaalf uur	соатҳои дувоздаҳ	[soathoi duvozdah]

over twintig minuten	баъд аз бист дақиқа	[ba'd az bist daqiqa]
over een uur	баъд аз як соат	[ba'd az jak soat]
op tijd (bw)	дар вақташ	[dar vaqtaʃ]

kwart voor …	понздаҳто кам	[ponzdahto kam]
binnen een uur	дар давоми як соат	[dar davomi jak soat]
elk kwartier	ҳар понздаҳ дақиқа	[har ponzdah daqiqa]
de klok rond	шабу рӯз	[ʃabu rœz]

18. Maanden. Seizoenen

januari (de)	январ	[janvar]
februari (de)	феврал	[fevral]
maart (de)	март	[mart]
april (de)	апрел	[aprel]
mei (de)	май	[maj]
juni (de)	июн	[ijun]

juli (de)	июл	[ijul]
augustus (de)	август	[avgust]
september (de)	сентябр	[sentjabr]
oktober (de)	октябр	[oktjabr]
november (de)	ноябр	[nojabr]
december (de)	декабр	[dekabr]

lente (de)	баҳор, баҳорон	[bahor], [bahoron]
in de lente (bw)	дар фасли баҳор	[dar fasli bahor]
lente- (abn)	баҳорӣ	[bahori:]
zomer (de)	тобистон	[tobiston]
in de zomer (bw)	дар тобистон	[dar tobiston]
zomer-, zomers (bn)	тобистона	[tobistona]
herfst (de)	тирамоҳ	[tiramoh]
in de herfst (bw)	дар тирамоҳ	[dar tiramoh]
herfst- (abn)	… и тирамоҳ	[i tiramoh]
winter (de)	зимистон	[zimiston]
in de winter (bw)	дар зимистон	[dar zimiston]
winter- (abn)	зимистонӣ, … и зимистон	[zimistoni:], [i zimiston]
maand (de)	моҳ	[moh]
deze maand (bw)	ҳамин моҳ	[hamin moh]
volgende maand (bw)	дар моҳи оянда	[dar mohi ojanda]
vorige maand (bw)	дар моҳи гузашта	[dar mohi guzaʃta]
een maand geleden (bw)	як моҳ пеш	[jak moh peʃ]
over een maand (bw)	баъд аз як моҳ	[ba'd az jak moh]
over twee maanden (bw)	баъд аз ду моҳ	[ba'd az du moh]
de hele maand (bw)	тамоми моҳ	[tamomi moh]
een volle maand (bw)	тамоми моҳ	[tamomi moh]
maand-, maandelijks (bn)	ҳармоҳа	[harmoha]
maandelijks (bw)	ҳар моҳ	[har moh]
elke maand (bw)	ҳар моҳ	[har moh]
twee keer per maand	ду маротиба дар як моҳ	[du marotiba dar jak moh]
jaar (het)	сол	[sol]
dit jaar (bw)	ҳамин сол	[hamin sol]
volgend jaar (bw)	соли оянда	[soli ojanda]
vorig jaar (bw)	соли гузашта	[soli guzaʃta]
een jaar geleden (bw)	як сол пеш	[jak sol peʃ]
over een jaar	баъд аз як сол	[ba'd az jak sol]
over twee jaar	баъд аз ду сол	[ba'd az du sol]
het hele jaar	тамоми сол	[tamomi sol]
een vol jaar	як соли пурра	[jak soli purra]
elk jaar	ҳар сол	[har sol]
jaar-, jaarlijks (bn)	ҳарсола	[harsola]
jaarlijks (bw)	ҳар сол	[har sol]
4 keer per jaar	чор маротиба дар як сол	[tʃor marotiba dar jak sol]
datum (de)	таърих, рӯз	[ta'riҳ], [rœz]
datum (de)	сана	[sana]
kalender (de)	тақвим, солнома	[taqvim], [solnoma]
een half jaar	ним сол	[nim sol]
zes maanden	нимсола	[nimsola]
seizoen (bijv. lente, zomer)	фасл	[fasl]
eeuw (de)	аср	[asr]

19. Tijd. Diversen

tijd (de)	вақт	[vaqt]
ogenblik (het)	лаҳза, дам	[lahza], [dam]
moment (het)	лаҳза	[lahza]
ogenblikkelijk (bn)	яклаҳзай	[jaklahzai:]
tijdsbestek (het)	муддати муайян	[muddati muajjan]
leven (het)	ҳаёт	[hajɔt]
eeuwigheid (de)	абад, абадият	[abad], [abadijat]

epoche (de), tijdperk (het)	давр, давра	[davr], [davra]
era (de), tijdperk (het)	эра, давра	[ɛra], [davra]
cyclus (de)	доира	[doira]
periode (de)	давр	[davr]
termijn (vastgestelde periode)	муддат	[muddat]

toekomst (de)	оянда	[ojanda]
toekomstig (bn)	оянда	[ojanda]
de volgende keer	бори дигар	[bori digar]
verleden (het)	гузашта	[guzaʃta]
vorig (bn)	гузашта	[guzaʃta]
de vorige keer	бори гузашта	[bori guzaʃta]

later (bw)	баъдтар	[ba'dtar]
na (~ het diner)	баъди	[ba'di]
tegenwoordig (bw)	ҳамин замон	[hamin zamon]
nu (bw)	ҳозир	[hozir]
onmiddellijk (bw)	фавран	[favran]
snel (bw)	ба зудй ... мешавад	[ba zudi: meʃavad]
bij voorbaat (bw)	пешакй	[peʃaki:]

lang geleden (bw)	кайҳо	[kajho]
kort geleden (bw)	ба наздикй	[ba nazdiki:]
noodlot (het)	тақдир	[taqdir]
herinneringen (mv.)	хотира	[xotira]
archief (het)	архив	[arxiv]

tijdens ... (ten tijde van)	дар вақти ...	[dar vaqti]
lang (bw)	дуру дароз	[duru daroz]
niet lang (bw)	кӯтоҳ	[kœtoh]
vroeg (bijv. ~ in de ochtend)	барвақт	[barvaqt]
laat (bw)	дер	[der]

voor altijd (bw)	ҳамешагй	[hameʃagi:]
beginnen (ww)	сар кардан	[sar kardan]
uitstellen (ww)	ба вақти дигар мондан	[ba vaqti digar mondan]

tegelijkertijd (bw)	дар як вақт	[dar jak vaqt]
voortdurend (bw)	доимо, ҳамеша	[doimo], [hameʃa]
constant (bijv. ~ lawaai)	доимй, ҳамешагй	[doimi:], [hameʃagi:]
tijdelijk (bn)	муваққатй	[muvaqqati:]

soms (bw)	баъзан	[ba'zan]
zelden (bw)	кам, аҳёнан	[kam], [ahjɔnan]
vaak (bw)	тез-тез	[tez-tez]

20. Tegenovergestelden

rijk (bn)	бой, давлатманд	[boj], [davlatmand]
arm (bn)	камбағал	[kambaʁal]
ziek (bn)	касал, бемор	[kasal], [bemor]
gezond (bn)	тандуруст	[tandurust]
groot (bn)	калон, бузург	[kalon], [buzurg]
klein (bn)	хурд	[χurd]
snel (bw)	босуръат	[bosur'at]
langzaam (bw)	оҳиста	[ohista]
snel (bn)	босуръат	[bosur'at]
langzaam (bn)	оҳиста	[ohista]
vrolijk (bn)	хушхол	[χuʃhol]
treurig (bn)	ғамгинона	[ʁamginona]
samen (bw)	дар як ҷо	[dar jak ʤo]
apart (bw)	алоҳида	[alohida]
hardop (~ lezen)	бо овози баланд	[bo ovozi baland]
stil (~ lezen)	ба дили худ	[ba dili χud]
hoog (bn)	баланд	[baland]
laag (bn)	паст	[past]
diep (bn)	чуқур	[tʃuqur]
ondiep (bn)	пастоб	[pastob]
ja	ҳа	[ha]
nee	не	[ne]
ver (bn)	дур	[dur]
dicht (bn)	наздик	[nazdik]
ver (bw)	дур	[dur]
dichtbij (bw)	бисёр наздик	[bisjɔr nazdik]
lang (bn)	дароз, дур	[daroz], [dur]
kort (bn)	кӯтоҳ	[kœtoh]
vriendelijk (goedhartig)	нек	[nek]
kwaad (bn)	бад	[bad]
gehuwd (mann.)	зандор	[zandor]
ongehuwd (mann.)	муҷаррад	[muʤarrad]
verbieden (ww)	манъ кардан	[man' kardan]
toestaan (ww)	иҷозат додан	[iʤozat dodan]
einde (het)	охир	[oχir]
begin (het)	сар	[sar]

| linker (bn) | чап | [ʧap] |
| rechter (bn) | рост | [rost] |

| eerste (bn) | якум | [jakum] |
| laatste (bn) | охирин | [oχirin] |

| misdaad (de) | чиноят | [dʒinojat] |
| bestraffing (de) | ҷазо | [dʒazo] |

| bevelen (ww) | фармон додан | [farmon dodan] |
| gehoorzamen (ww) | зердаст шудан | [zerdast ʃudan] |

| recht (bn) | рост | [rost] |
| krom (bn) | кач | [kadʒ] |

| paradijs (het) | биҳишт | [bihiʃt] |
| hel (de) | дӯзах, чаҳаннам | [dœzaχ], [dʒahannam] |

| geboren worden (ww) | таваллуд шудан | [tavallud ʃudan] |
| sterven (ww) | мурдан | [murdan] |

| sterk (bn) | зӯр | [zœr] |
| zwak (bn) | заиф | [zaif] |

| oud (bn) | пир | [pir] |
| jong (bn) | чавон | [dʒavon] |

| oud (bn) | кӯҳна | [kœhna] |
| nieuw (bn) | нав | [nav] |

| hard (bn) | сахт | [saχt] |
| zacht (bn) | нарм, мулоим | [narm], [muloim] |

| warm (bn) | гарм | [garm] |
| koud (bn) | хунук | [χunuk] |

| dik (bn) | фарбеҳ | [farbeh] |
| dun (bn) | лоғар | [loʁar] |

| smal (bn) | танг | [tang] |
| breed (bn) | васеъ | [vase'] |

| goed (bn) | хуб | [χub] |
| slecht (bn) | бад | [bad] |

| moedig (bn) | нотарс | [notars] |
| laf (bn) | тарсончак | [tarsonʧak] |

21. Lijnen en vormen

vierkant (het)	квадрат, мураббаъ	[kvadrat], [murabba']
vierkant (bn)	... и квадрат	[i kvadrat]
cirkel (de)	давра	[davra]
rond (bn)	даврашакл	[davraʃakl]

| driehoek (de) | сегӯша, секунча | [segœʃa], [sekundʒa] |
| driehoekig (bn) | сегӯша, секунча | [segœʃa], [sekundʒa] |

ovaal (het)	байзӣ	[bajzi:]
ovaal (bn)	байзӣ	[bajzi:]
rechthoek (de)	росткунча	[rostkundʒa]
rechthoekig (bn)	росткунча	[rostkundʒa]

piramide (de)	пирамида	[piramida]
ruit (de)	ромб	[romb]
trapezium (het)	трапетсия	[trapetsija]
kubus (de)	мукааб	[mukaab]
prisma (het)	призма	[prizma]

omtrek (de)	давра	[davra]
bol, sfeer (de)	кура	[kura]
bal (de)	кура	[kura]

diameter (de)	диаметр, қутр	[diametr], [qutr]
straal (de)	радиус	[radius]
omtrek (~ van een cirkel)	периметр	[perimetr]
middelpunt (het)	марказ	[markaz]

horizontaal (bn)	уфуқӣ	[ufuqi:]
verticaal (bn)	амуди, шоқулӣ	[amudi], [ʃoquli:]
parallel (de)	параллел	[parallel]
parallel (bn)	мувозӣ	[muvozi:]

lijn (de)	хат	[χat]
streep (de)	хат, рах	[χat], [raχ]
rechte lijn (de)	хати рост	[χati rost]
kromme (de)	хати кач	[χati kadʒ]
dun (bn)	борик	[borik]
omlijning (de)	контур, суроб	[kontur], [surob]

snijpunt (het)	бурида гузаштан	[burida guzaʃtan]
rechte hoek (de)	кунчи рост	[kundʒi rost]
segment (het)	сегмент	[segment]
sector (de)	сектор	[sektor]
zijde (de)	пахлу	[paχlu]
hoek (de)	кунч	[kundʒ]

22. Meeteenheden

gewicht (het)	вазн	[vazn]
lengte (de)	дарозӣ	[darozi:]
breedte (de)	арз	[arz]
hoogte (de)	баландӣ	[balandi:]
diepte (de)	чуқурӣ	[tʃuquri:]
volume (het)	ҳачм	[hadʒm]
oppervlakte (de)	масоҳат	[masohat]

| gram (het) | грам | [gram] |
| milligram (het) | миллиграмм | [milligramm] |

kilogram (het)	килограмм	[kilogramm]
ton (duizend kilo)	тонна	[tonna]
pond (het)	қадоқ	[qadoq]
ons (het)	вақия	[vaqija]
meter (de)	метр	[metr]
millimeter (de)	миллиметр	[millimetr]
centimeter (de)	сантиметр	[santimetr]
kilometer (de)	километр	[kilometr]
mijl (de)	мил	[mil]
voet (de)	фут	[fut]
yard (de)	ярд	[jard]
vierkante meter (de)	метри квадратӣ	[metri kvadrati:]
hectare (de)	гектар	[gektar]
liter (de)	литр	[litr]
graad (de)	дараҷа	[daradʒa]
volt (de)	волт	[volt]
ampère (de)	ампер	[amper]
paardenkracht (de)	қувваи асп	[quvvai asp]
hoeveelheid (de)	миқдор	[miqdor]
een beetje …	камтар	[kamtar]
helft (de)	нисф	[nisf]
stuk (het)	дона	[dona]
afmeting (de)	ҳаҷм	[hadʒm]
schaal (bijv. ~ van 1 op 50)	масштаб	[masʃtab]
minimaal (bn)	камтарин	[kamtarin]
minste (bn)	хурдтарин	[χurdtarin]
medium (bn)	миёна	[mijɔna]
maximaal (bn)	ниҳоят калон	[nihojat kalon]
grootste (bn)	калонтарин	[kalontarin]

23. Containers

glazen pot (de)	банкаи шишагӣ	[bankai ʃiʃagi:]
blik (conserven~)	банкаи тунукагӣ	[bankai tunukagi:]
emmer (de)	сатил	[satil]
ton (bijv. regenton)	бочка, чалак	[botʃka], [tʃalak]
ronde waterbak (de)	тағора	[taʁora]
tank (bijv. watertank-70-ltr)	бак, чалак	[bak], [tʃalak]
heupfles (de)	обдон	[obdon]
jerrycan (de)	канистра	[kanistra]
tank (bijv. ketelwagen)	систерна	[sisterna]
beker (de)	кружка, дӯлча	[kruʒka], [dœltʃa]
kopje (het)	косача	[kosatʃa]
schoteltje (het)	тақсимӣ, тақсимича	[taqsimi:], [taqsimitʃa]
glas (het)	стакан	[stakan]

| wijnglas (het) | бокал | [bokal] |
| steelpan (de) | дегча | [degʧa] |

| fles (de) | шиша, сурохи̅ | [ʃiʃa], [surohi:] |
| flessenhals (de) | дахани шиша | [dahani ʃiʃa] |

karaf (de)	сурохи̅	[surohi:]
kruik (de)	кӯза	[kœza]
vat (het)	зарф	[zarf]
pot (de)	хурмача	[χurmaʧa]
vaas (de)	гулдон	[guldon]

flacon (de)	шиша	[ʃiʃa]
flesje (het)	хубобча	[hubobʧa]
tube (bijv. ~ tandpasta)	лӯлача	[lœlaʧa]

zak (bijv. ~ aardappelen)	халта	[χalta]
tasje (het)	халта	[χalta]
pakje (~ sigaretten, enz.)	қуттӣ	[qutti:]

doos (de)	қуттӣ	[qutti:]
kist (de)	қуттӣ	[qutti:]
mand (de)	сабад	[sabad]

24. Materialen

materiaal (het)	материал, масолеҳ	[material], [masoleh]
hout (het)	дарахт	[daraχt]
houten (bn)	чӯбин	[ʧœbin]

| glas (het) | шиша | [ʃiʃa] |
| glazen (bn) | шишагӣ | [ʃiʃagi:] |

| steen (de) | санг | [sang] |
| stenen (bn) | сангин | [sangin] |

| plastic (het) | плассмас | [plassmas] |
| plastic (bn) | плассмасӣ | [plassmasi:] |

| rubber (het) | резин | [rezin] |
| rubber-, rubberen (bn) | резинӣ | [rezini:] |

| stof (de) | матоъ | [mato'] |
| van stof (bn) | аз матоъ | [az mato'] |

| papier (het) | қоғаз | [qoʁaz] |
| papieren (bn) | қоғазӣ | [qoʁazi:] |

| karton (het) | картон | [karton] |
| kartonnen (bn) | картони, ... и картон | [kartoni], [i karton] |

polyethyleen (het)	полуэтилен	[poluɛtilen]
cellofaan (het)	селлофан	[sellofan]
multiplex (het)	фанер	[faner]

porselein (het)	фахфур	[faχfur]
porseleinen (bn)	фахфурй	[faχfuri:]
klei (de)	гил	[gil]
klei-, van klei (bn)	гилй, сафолй	[gili:], [safoli:]
keramiek (de)	сафолот	[safolot]
keramieken (bn)	сафолй, ... и сафол	[safoli:], [i safol]

25. Metalen

metaal (het)	металл, фулуз	[metall], [fuluz]
metalen (bn)	металлй, ... и металл	[metalli:], [i metall]
legering (de)	хӯла	[χœla]

goud (het)	зар, тилло	[zar], [tillo]
gouden (bn)	... и тилло	[i tillo]
zilver (het)	нукра	[nuqra]
zilveren (bn)	нукрагин	[nuqragin]

IJzer (het)	оҳан	[ohan]
IJzeren (bn)	оҳанин, ... и оҳан	[ohanin], [i ohan]
staal (het)	пӯлод	[pœlod]
stalen (bn)	пӯлодин	[pœlodin]
koper (het)	мис	[mis]
koperen (bn)	мисин	[misin]

aluminium (het)	алюминий	[aljuminij]
aluminium (bn)	алюминй	[aljumini:]
brons (het)	биринчй, хӯла	[birindʒi:], [χœla]
bronzen (bn)	биринчй, хӯлагй	[birindʒi:], [χœlagi:]

messing (het)	латун, биринчй	[latun], [birindʒi:]
nikkel (het)	никел	[nikel]
platina (het)	платина	[platina]
kwik (het)	симоб	[simob]
tin (het)	калъагй	[qal'agi:]
lood (het)	сурб	[surb]
zink (het)	руҳ	[ruh]

MENS

Mens. Het lichaam

26. Mensen. Basisbegrippen

mens (de)	одам, инсон	[odam], [inson]
man (de)	мард	[mard]
vrouw (de)	зан, занак	[zan], [zanak]
kind (het)	кӯдак	[kœdak]
meisje (het)	духтарча, духтарак	[duχtartʃa], [duχtarak]
jongen (de)	писарбача	[pisarbatʃa]
tiener, adolescent (de)	наврас	[navras]
oude man (de)	пир	[pir]
oude vrouw (de)	пиразан	[pirazan]

27. Menselijke anatomie

organisme (het)	организм	[organizm]
hart (het)	дил	[dil]
bloed (het)	хун	[χun]
slagader (de)	раг	[rag]
ader (de)	раги варид	[ragi varid]
hersenen (mv.)	мағз	[maʁz]
zenuw (de)	асаб	[asab]
zenuwen (mv.)	асабхо	[asabχo]
wervel (de)	мӯхра	[mœhra]
ruggengraat (de)	сутунмӯхра	[sutunmœhra]
maag (de)	меъда	[me'da]
darmen (mv.)	рӯдахо	[rœdaho]
darm (de)	рӯда	[rœda]
lever (de)	ҷигар	[dʒigar]
nier (de)	гурда	[gurda]
been (deel van het skelet)	устухон	[ustuχon]
skelet (het)	устухонбандӣ	[ustuχonbandi:]
rib (de)	кабурға	[kaburʁa]
schedel (de)	косаи сар	[kosai sar]
spier (de)	мушак	[muʃak]
biceps (de)	битсепс	[bitseps]
triceps (de)	тритсепс	[tritseps]
pees (de)	пай	[paj]
gewricht (het)	банду буғум	[bandu buʁum]

35

longen (mv.)	шуш	[ʃuʃ]
geslachtsorganen (mv.)	узвхои таносул	[uzvhoi tanosul]
huid (de)	пӯст	[pœst]

28. Hoofd

hoofd (het)	сар	[sar]
gezicht (het)	рӯй	[rœj]
neus (de)	бинӣ	[bini:]
mond (de)	даҳон	[dahon]

oog (het)	чашм, дида	[ʧaʃm], [dida]
ogen (mv.)	чашмон	[ʧaʃmon]
pupil (de)	гавҳараки чашм	[gavharaki ʧaʃm]
wenkbrauw (de)	абрӯ, қош	[abrœ], [qoʃ]
wimper (de)	мижа	[miʒa]
ooglid (het)	пилкҳои чашм	[pilkhoi ʧaʃm]

tong (de)	забон	[zabon]
tand (de)	дандон	[dandon]
lippen (mv.)	лабҳо	[labho]
jukbeenderen (mv.)	устухони рухсора	[ustuxoni ruxsora]
tandvlees (het)	зираи дандон	[zirai dandon]
gehemelte (het)	ком	[kom]

neusgaten (mv.)	сурохии бинӣ	[suroxi:i bini:]
kin (de)	манаҳ	[manah]
kaak (de)	ҷоғ	[dʒoʁ]
wang (de)	рухсор	[ruxsor]

voorhoofd (het)	пешона	[peʃona]
slaap (de)	чакка	[ʧakka]
oor (het)	гӯш	[gœʃ]
achterhoofd (het)	пушти сар	[puʃti sar]
hals (de)	гардан	[gardan]
keel (de)	гулӯ	[gulœ]

haren (mv.)	мӯйи сар	[mœji sar]
kapsel (het)	ороиши мӯйсар	[oroiʃi mœjsar]
haarsnit (de)	ороиши мӯйсар	[oroiʃi mœjsar]
pruik (de)	мӯи ориятӣ	[mœi orijati:]

snor (de)	муйлаб, бурут	[mujlab], [burut]
baard (de)	риш	[riʃ]
dragen (een baard, enz.)	мондан, доштан	[mondan], [doʃtan]
vlecht (de)	кокул	[kokul]
bakkebaarden (mv.)	риши бари рӯй	[riʃi bari rœj]

ros (roodachtig, rossig)	сурхмуй	[surxmuj]
grijs (~ haar)	сафед	[safed]
kaal (bn)	одамсар	[odamsar]
kale plek (de)	тосии сар	[tosi:i sar]
paardenstaart (de)	думча	[dumʧa]
pony (de)	пича	[piʧa]

29. Menselijk lichaam

hand (de)	панчаи даст	[pandʒai dast]
arm (de)	даст	[dast]
vinger (de)	ангушт	[anguʃt]
teen (de)	чилик, ангушт	[tʃilik], [anguʃt]
duim (de)	нарангушт	[naranguʃt]
pink (de)	ангушти хурд	[anguʃti χurd]
nagel (de)	нохун	[noχun]
vuist (de)	кулак, мушт	[kulak], [muʃt]
handpalm (de)	каф	[kaf]
pols (de)	банди даст	[bandi dast]
voorarm (de)	бозу	[bozu]
elleboog (de)	оринҷ	[orindʒ]
schouder (de)	китф	[kitf]
been (rechter ~)	по	[po]
voet (de)	панчаи пой	[pandʒai poj]
knie (de)	зону	[zonu]
kuit (de)	соқи по	[soqi po]
heup (de)	миён	[mijɔn]
hiel (de)	пошна	[poʃna]
lichaam (het)	бадан	[badan]
buik (de)	шикам	[ʃikam]
borst (de)	сина	[sina]
borst (de)	сина, пистон	[sina], [piston]
zijde (de)	паҳлу	[pahlu]
rug (de)	пушт	[puʃt]
lage rug (de)	камаргоҳ	[kamargoh]
taille (de)	миён	[mijɔn]
navel (de)	ноф	[nof]
billen (mv.)	сурин	[surin]
achterwerk (het)	сурин	[surin]
huidvlek (de)	хол	[χol]
moedervlek (de)	хол	[χol]
tatoeage (de)	вашм	[vaʃm]
litteken (het)	доғи захм	[doʁi zaχm]

Kleding en accessoires

30. Bovenkleding. Jassen

kleren (mv.), kleding (de)	либос	[libos]
bovenkleding (de)	либоси боло	[libosi bolo]
winterkleding (de)	либоси зимистонӣ	[libosi zimistoni:]
jas (de)	палто	[palto]
bontjas (de)	пӯстин	[pœstin]
bontjasje (het)	нимпӯстин	[nimpœstin]
donzen jas (de)	пуховик	[puχovik]
jasje (bijv. een leren ~)	куртка	[kurtka]
regenjas (de)	боронӣ	[boroni:]
waterdicht (bn)	обногузар	[obnoguzar]

31. Heren & dames kleding

overhemd (het)	курта	[kurta]
broek (de)	шим, шалвор	[ʃim], [ʃalvor]
jeans (de)	шими ҷинс	[ʃimi ʤins]
colbert (de)	пиҷак	[piʤak]
kostuum (het)	костюм	[kostjum]
jurk (de)	куртаи заннона	[kurtai zannona]
rok (de)	юбка	[jubka]
blouse (de)	блузка	[bluzka]
wollen vest (de)	кофтаи бофта	[koftai bofta]
blazer (kort jasje)	жакет	[ʒaket]
T-shirt (het)	футболка	[futbolka]
shorts (mv.)	шортик	[ʃortik]
trainingspak (het)	либоси варзишӣ	[libosi varziʃi:]
badjas (de)	халат	[χalat]
pyjama (de)	пижама	[piʒama]
sweater (de)	свитер	[sviter]
pullover (de)	пуловер	[pulover]
gilet (het)	камзӯл	[kamzœl]
rokkostuum (het)	фрак	[frak]
smoking (de)	смокинг	[smoking]
uniform (het)	либоси расмӣ	[libosi rasmi:]
werkkleding (de)	либоси корӣ	[libosi kori:]
overall (de)	комбинезон	[kombinezon]
doktersjas (de)	халат	[χalat]

32. Kleding. Ondergoed

ondergoed (het)	либоси таг	[libosi tag]
herenslip (de)	турсуки мардона	[tursuki mardona]
slipjes (mv.)	турсуки занона	[tursuki zanona]
onderhemd (het)	майка	[majka]
sokken (mv.)	пайпоқ	[pajpoq]
nachthemd (het)	куртаи хоб	[kurtai χob]
beha (de)	синабанд	[sinaband]
kniekousen (mv.)	чуроби кутоҳ	[dʒurobi kutoh]
panty (de)	колготка	[kolgotka]
nylonkousen (mv.)	чуроби дароз	[tʃurobi daroz]
badpak (het)	либоси оббозӣ	[libosi obbozi:]

33. Hoofddeksels

hoed (de)	кулоҳ, телпак	[kuloh], [telpak]
deukhoed (de)	шляпаи моҳутӣ	[ʃljapai mohuti:]
honkbalpet (de)	бейсболка	[bejsbolka]
kleppet (de)	кепка	[kepka]
baret (de)	берет	[beret]
kap (de)	либоси кулоҳдор	[libosi kulohdor]
panamahoed (de)	панамка	[panamka]
gebreide muts (de)	шапкаи бофтагӣ	[ʃapkai boftagi:]
hoofddoek (de)	рӯймол	[rœjmol]
dameshoed (de)	кулоҳча	[kulohtʃa]
veiligheidshelm (de)	тоскулоҳ	[toskuloh]
veldmuts (de)	пилотка	[pilotka]
helm, valhelm (de)	хӯд	[χœd]
bolhoed (de)	дегчакулох	[degtʃakuloχ]
hoge hoed (de)	силиндр	[silindr]

34. Schoeisel

schoeisel (het)	пойафзол	[pojafzol]
schoenen (mv.)	патинка	[patinka]
vrouwenschoenen (mv.)	кафш, туфли	[kafʃ], [tufli]
laarzen (mv.)	мӯза	[mœza]
pantoffels (mv.)	шиппак	[ʃippak]
sportschoenen (mv.)	крассовка	[krassovka]
sneakers (mv.)	кетӣ	[keti:]
sandalen (mv.)	сандал	[sandal]
schoenlapper (de)	мӯзадӯз	[mœzadœz]
hiel (de)	пошна	[poʃna]

paar (een ~ schoenen)	чуфт	[dʒuft]
veter (de)	бандак	[bandak]
rijgen (schoenen ~)	бандак гузарондан	[bandak guzarondan]
schoenlepel (de)	кафчаи кафшпӯшй	[kaftʃai kafʃpœʃi:]
schoensmeer (de/het)	креми пойафзол	[kremi pojafzol]

35. Textiel. Weefsel

katoen (de/het)	пахта	[paxta]
katoenen (bn)	пахтагин	[paxtagin]
vlas (het)	катон	[katon]
vlas-, van vlas (bn)	аз загирпоя	[az zaʁirpoja]

zijde (de)	абрешим	[abreʃim]
zijden (bn)	абрешимин	[abreʃimin]
wol (de)	пашм	[paʃm]
wollen (bn)	пашмин	[paʃmin]

fluweel (het)	бахмал, махмал	[baxmal], [maxmal]
suède (de)	замша, чир	[zamʃa], [dʒir]
ribfluweel (het)	пилтабахмал	[piltabaxmal]

nylon (de/het)	нейлон	[nejlon]
nylon-, van nylon (bn)	аз нейлон	[az nejlon]
polyester (het)	полиэстер	[poliɛster]
polyester- (abn)	полуэстерӣ	[poluɛsteri:]

leer (het)	чарм	[tʃarm]
leren (van leer gemaak)	чармин	[tʃarmin]
bont (het)	мӯина, пӯст	[mœina], [pœst]
bont- (abn)	мӯинагӣ	[mœinagi:]

36. Persoonlijke accessoires

handschoenen (mv.)	дастпӯшак	[dastpœʃak]
wanten (mv.)	дастпӯшаки бепанча	[dastpœʃaki bepandʒa]
sjaal (fleece ~)	гарданпеч	[gardanpetʃ]

bril (de)	айнак	[ajnak]
brilmontuur (het)	чанбарак	[tʃanbarak]
paraplu (de)	соябон, чатр	[sojabon], [tʃatr]
wandelstok (de)	чӯб	[tʃœb]
haarborstel (de)	чӯткаи мӯйсар	[tʃœtkai mœjsar]
waaier (de)	бодбезак	[bodbezak]

das (de)	галстук	[galstuk]
strikje (het)	галстук-шапарак	[galstuk-ʃaparak]
bretels (mv.)	шалворбанди китфӣ	[ʃalvorbandi kitfi:]
zakdoek (de)	дастрӯймол	[dastrœjmol]

| kam (de) | шона | [ʃona] |
| haarspeldje (het) | сарсӯзан, бандак | [sarsœzan], [bandak] |

| schuifspeldje (het) | санчак | [sandʒak] |
| gesp (de) | сагаки тасма | [sagaki tasma] |

| broekriem (de) | тасма | [tasma] |
| draagriem (de) | тасма | [tasma] |

handtas (de)	сумка	[sumka]
damestas (de)	сумка	[sumka]
rugzak (de)	борхалта	[borχalta]

37. Kleding. Diversen

mode (de)	мод	[mod]
de mode (bn)	модшуда	[modʃuda]
kledingstilist (de)	тархсоз	[tarhsoz]

kraag (de)	гиребон, ёқа	[girebon], [jɔqa]
zak (de)	киса	[kisa]
zak- (abn)	... и киса	[i kisa]
mouw (de)	остин	[ostin]
lusje (het)	банди либос	[bandi libos]
gulp (de)	чоки пеши шим	[ʧoki peʃi ʃim]

rits (de)	занчирак	[zandʒirak]
sluiting (de)	гиреҳбанд	[girehband]
knoop (de)	тугма	[tugma]
knoopsgat (het)	банди тугма	[bandi tugma]
losraken (bijv. knopen)	канда шудан	[kanda ʃudan]

naaien (kleren, enz.)	дӯхтан	[dœχtan]
borduren (ww)	гулдӯзй кардан	[guldœzi: kardan]
borduursel (het)	гулдӯзй	[guldœzi:]
naald (de)	сӯзани чокдӯзи	[sœzani ʧokdœzi]
draad (de)	ресмон	[resmon]
naad (de)	чок	[ʧok]

vies worden (ww)	олуда шудан	[oluda ʃudan]
vlek (de)	доғ, лакка	[doʁ], [lakka]
gekreukt raken (ov. kleren)	ғичим шудан	[ʁidʒim ʃudan]
scheuren (ov.ww.)	даррондан	[darrondan]
mot (de)	куя	[kuja]

38. Persoonlijke verzorging. Schoonheidsmiddelen

tandpasta (de)	хамираи дандон	[χamirai dandon]
tandenborstel (de)	чӯткаи дандоншӯй	[ʧœtkai dandonʃœi:]
tanden poetsen (ww)	дандон шустан	[dandon ʃustan]

scheermes (het)	ришгирак	[riʃgirak]
scheerschuim (het)	креми ришгирй	[kremi riʃgiri:]
zich scheren (ww)	риш гирифтан	[riʃ giriftan]
zeep (de)	собун	[sobun]

shampoo (de)	шампун	[ʃampun]
schaar (de)	кайчӣ	[kajtʃi:]
nagelvijl (de)	тарошаи нохунхо	[taroʃai noχunho]
nagelknipper (de)	анбӯрча барои нохунхо	[anbœrtʃa baroi noχunho]
pincet (het)	мӯйчинак	[mœjtʃinak]

cosmetica (de)	косметика	[kosmetika]
masker (het)	ниқоби косметикӣ	[niqobi kosmetiki:]
manicure (de)	нохунорой	[noχunoroi:]
manicure doen	нохун оростан	[noχun orostan]
pedicure (de)	ороиши нохунхои пой	[oroiʃi noχunhoi poj]

cosmetica tasje (het)	косметичка	[kosmetitʃka]
poeder (de/het)	сафеда	[safeda]
poederdoos (de)	қуттии упо	[qutti:i upo]
rouge (de)	сурхӣ	[surχi:]

eau de toilet (de)	атр	[atr]
lotion (de)	оби мушкин	[obi muʃkin]
eau de cologne (de)	атр	[atr]

oogschaduw (de)	тен барои пилкхои чашм	[ten baroi pilkhoi tʃaʃm]
oogpotlood (het)	қалами чашм	[qalami tʃaʃm]
mascara (de)	туш барои мижахо	[tuʃ baroi miʒaho]

lippenstift (de)	лабсурхкунак	[labsurχkunak]
nagellak (de)	лаки нохун	[laki noχun]
haarlak (de)	лаки мӯйсар	[laki mœjsar]
deodorant (de)	дезодорант	[dezodorant]

crème (de)	крем, равғани рӯй	[krem], [ravʁani rœj]
gezichtscrème (de)	креми рӯй	[kremi rœj]
handcrème (de)	креми даст	[kremi dast]
antirimpelcrème (de)	креми зиддиожанг	[kremi ziddioʒang]
dagcrème (de)	креми рӯзона	[kremi rœzona]
nachtcrème (de)	креми шабона	[kremi ʃabona]
dag- (abn)	рӯзона, ~и рӯз	[rœzona], [~i rœz]
nacht- (abn)	шабона, ... и шаб	[ʃabona], [i ʃab]

tampon (de)	тампон	[tampon]
toiletpapier (het)	коғази хоҷатхона	[koʁazi χodʒatχona]
föhn (de)	мӯхушккунак	[mœχuʃkkunak]

39. Juwelen

sieraden (mv.)	чавохирот	[dʒavohirot]
edel (bijv. ~ stenen)	қиматбахо	[qimatbaho]
keurmerk (het)	иёр	[ijɔr]

ring (de)	ангуштарин	[anguʃtarin]
trouwring (de)	ангуштарини никох	[anguʃtarini nikoh]
armband (de)	дастпона	[dastpona]
oorringen (mv.)	гӯшвора	[gœʃvora]
halssnoer (het)	гарданбанд	[gardanband]

| kroon (de) | точ | [todʒ] |
| kralen snoer (het) | шадда | [ʃadda] |

diamant (de)	бриллиант	[brilliant]
smaragd (de)	зумуррад	[zumurrad]
robijn (de)	лаъл	[la'l]
saffier (de)	ёқути кабуд	[jɔquti kabud]
parel (de)	марворид	[marvorid]
barnsteen (de)	каҳрабо	[kahrabo]

40. Horloges. Klokken

polshorloge (het)	соати дастй	[soati dasti:]
wijzerplaat (de)	лавҳаи соат	[lavhai soat]
wijzer (de)	акрабак	[akrabak]
metalen horlogeband (de)	дастпона	[dastpona]
horlogebandje (het)	банди соат	[bandi soat]

batterij (de)	батареяча, батарейка	[batarejatʃa], [batarejka]
leeg zijn (ww)	холй шудааст	[χoli: ʃudaast]
batterij vervangen	иваз кардани батаре	[ivaz kardani batare]
voorlopen (ww)	пеш меравад	[peʃ meravad]
achterlopen (ww)	ақиб мондан	[aqib mondan]

wandklok (de)	соати деворй	[soati devori:]
zandloper (de)	соати регй	[soati regi:]
zonnewijzer (de)	соати офтобй	[soati oftobi:]
wekker (de)	соати рӯимизии зангдор	[soati rœimizi:i zangdor]
horlogemaker (de)	соатсоз	[soatsoz]
repareren (ww)	таъмир кардан	[ta'mir kardan]

Voedsel. Voeding

41. Voedsel

vlees (het)	гӯшт	[gœʃt]
kip (de)	мурғ	[murʁ]
kuiken (het)	чӯча	[tʃœdʒa]
eend (de)	мурғобӣ	[murʁobi:]
gans (de)	қоз, ғоз	[qoz], [ʁoz]
wild (het)	сайди шикор	[sajdi ʃikor]
kalkoen (de)	мурғи марҷон	[murʁi mardʒon]
varkensvlees (het)	гӯшти хук	[gœʃti χuk]
kalfsvlees (het)	гӯшти гӯсола	[gœʃti gœsola]
schapenvlees (het)	гӯшти гӯсфанд	[gœʃti gœsfand]
rundvlees (het)	гӯшти гов	[gœʃti gov]
konijnenvlees (het)	харгӯш	[χargœʃ]
worst (de)	ҳасиб	[hasib]
saucijs (de)	ҳасибча	[hasibtʃa]
spek (het)	бекон	[bekon]
ham (de)	ветчина	[vettʃina]
gerookte achterham (de)	рон	[ron]
paté, pastei (de)	паштет	[paʃtet]
lever (de)	ҷигар	[dʒigar]
gehakt (het)	гӯшти кӯфта	[gœʃti kœfta]
tong (de)	забон	[zabon]
ei (het)	тухм	[tuχm]
eieren (mv.)	тухм	[tuχm]
eiwit (het)	сафедии тухм	[safedi:i tuχm]
eigeel (het)	зардии тухм	[zardi:i tuχm]
vis (de)	моҳӣ	[mohi:]
zeevruchten (mv.)	маҳсулоти баҳрӣ	[mahsuloti bahri:]
schaaldieren (mv.)	буғумпойҳо	[buʁumpojho]
kaviaar (de)	тухми моҳӣ	[tuχmi mohi:]
krab (de)	харчанг	[χartʃang]
garnaal (de)	креветка	[krevetka]
oester (de)	садафак	[sadafak]
langoest (de)	лангуст	[langust]
octopus (de)	ҳаштпо	[haʃtpo]
inktvis (de)	калмар	[kalmar]
steur (de)	гӯшти тосмоҳӣ	[gœʃti tosmohi:]
zalm (de)	озодмоҳӣ	[ozodmohi:]
heilbot (de)	палтус	[paltus]
kabeljauw (de)	равғанмоҳӣ	[ravʁanmohi:]

makreel (de)	загӯтамоҳӣ	[zaʁœtamohi:]
tonijn (de)	самак	[samak]
paling (de)	мормоҳӣ	[mormohi:]
forel (de)	гулмоҳӣ	[gulmohi:]
sardine (de)	саморис	[samoris]
snoek (de)	шӯртан	[ʃœrtan]
haring (de)	шӯрмоҳӣ	[ʃœrmohi:]
brood (het)	нон	[non]
kaas (de)	панир	[panir]
suiker (de)	шакар	[ʃakar]
zout (het)	намак	[namak]
rijst (de)	биринҷ	[birindʒ]
pasta (de)	макарон	[makaron]
noedels (mv.)	угро	[ugro]
boter (de)	равғани маска	[ravʁani maska]
plantaardige olie (de)	равғани пок	[ravʁani pok]
zonnebloemolie (de)	равғани офтобпараст	[ravʁani oftobparast]
margarine (de)	маргарин	[margarin]
olijven (mv.)	зайтун	[zajtun]
olijfolie (de)	равғани зайтун	[ravʁani zajtun]
melk (de)	шир	[ʃir]
gecondenseerde melk (de)	ширқиём	[ʃirqijɔm]
yoghurt (de)	йогурт	[jɔgurt]
zure room (de)	қаймок	[qajmok]
room (de)	қаймоқ	[qajmoq]
mayonaise (de)	майонез	[majɔnez]
crème (de)	крем	[krem]
graan (het)	ярма	[jarma]
meel (het), bloem (de)	орд	[ord]
conserven (mv.)	консерв	[konserv]
maïsvlokken (mv.)	бадроқи чуворимакка	[badroqi dʒuvorimakka]
honing (de)	асал	[asal]
jam (de)	чем	[dʒem]
kauwgom (de)	сақич, илқ	[saqitʃ], [ilq]

42. Drankjes

water (het)	об	[ob]
drinkwater (het)	оби нӯшиданӣ	[obi nœʃidani:]
mineraalwater (het)	оби минералӣ	[obi minerali:]
zonder gas	бе газ	[be gaz]
koolzuurhoudend (bn)	газнок	[gaznok]
bruisend (bn)	газдор	[gazdor]
IJs (het)	ях	[jaχ]

met ijs	бо ях, яхдор	[bo jaχ], [jaχdor]
alcohol vrij (bn)	беалкогол	[bealkogol]
alcohol vrije drank (de)	нӯшокии беалкогол	[nœʃoki:i bealkogol]
frisdrank (de)	нӯшокии хунук	[nœʃoki:i χunuk]
limonade (de)	лимонад	[limonad]

alcoholische dranken (mv.)	нӯшокиҳои спиртӣ	[nœʃokihoi spirti:]
wijn (de)	шароб, май	[ʃarob], [maj]
witte wijn (de)	маи ангури сафед	[mai anguri safed]
rode wijn (de)	маи арғувонӣ	[mai arɐuvoni:]

likeur (de)	ликёр	[likjɔr]
champagne (de)	шампан	[ʃampan]
vermout (de)	вермут	[vermut]

whisky (de)	виски	[viski]
wodka (de)	арақ, водка	[araq], [vodka]
gin (de)	ҷин	[ʤin]
cognac (de)	коняк	[konjak]
rum (de)	ром	[rom]

koffie (de)	қаҳва	[qahva]
zwarte koffie (de)	қаҳваи сиёҳ	[qahvai sijɔh]
koffie (de) met melk	ширқаҳва	[ʃirqahva]
cappuccino (de)	капучино	[kaputʃino]
oploskoffie (de)	қаҳваи кӯфта	[qahvai kœfta]

melk (de)	шир	[ʃir]
cocktail (de)	коктейл	[koktejl]
milkshake (de)	коктейли ширӣ	[koktejli ʃiri:]

sap (het)	шарбат	[ʃarbat]
tomatensap (het)	шираи помидор	[ʃirai pomidor]
sinaasappelsap (het)	афшураи афлесун	[afʃurai aflesun]
vers geperst sap (het)	афшураи тоза тайёршуда	[afʃurai toza tajjɔrʃuda]

bier (het)	пиво	[pivo]
licht bier (het)	оби ҷави шафоф	[obi ʤavi ʃafof]
donker bier (het)	оби ҷави торик	[obi ʤavi torik]

thee (de)	чой	[ʧoj]
zwarte thee (de)	чойи сиёҳ	[ʧoji sijɔh]
groene thee (de)	чои кабуд	[ʧoi kabud]

43. Groenten

| groenten (mv.) | сабзавот | [sabzavot] |
| verse kruiden (mv.) | сабзавот | [sabzavot] |

tomaat (de)	помидор	[pomidor]
augurk (de)	бодиринг	[bodiring]
wortel (de)	сабзӣ	[sabzi:]
aardappel (de)	картошка	[kartoʃka]
ui (de)	пиёз	[pijɔz]

knoflook (de)	сир	[sir]
kool (de)	карам	[karam]
bloemkool (de)	гулкарам	[gulkaram]
spruitkool (de)	карами брусселй	[karami brusseli:]
broccoli (de)	карами брокколй	[karami brokkoli:]
rode biet (de)	лаблабу	[lablabu]
aubergine (de)	бодинҷон	[bodindʒon]
courgette (de)	таррак	[tarrak]
pompoen (de)	каду	[kadu]
raap (de)	шалғам	[ʃalʁam]
peterselie (de)	чаъфарй	[dʒa'fari:]
dille (de)	шибит	[ʃibit]
sla (de)	коху	[kohu]
selderij (de)	карафс	[karafs]
asperge (de)	морчӯба	[mortʃœba]
spinazie (de)	испаноқ	[ispanoq]
erwt (de)	нахӯд	[naχœd]
bonen (mv.)	лӯбиё	[lœbijɔ]
maïs (de)	чуворимакка	[dʒuvorimakka]
boon (de)	лӯбиё	[lœbijɔ]
peper (de)	қаламфур	[qalamfur]
radijs (de)	шалғамча	[ʃalʁamtʃa]
artisjok (de)	анганор	[anganor]

44. Vruchten. Noten

vrucht (de)	мева	[meva]
appel (de)	себ	[seb]
peer (de)	мурӯд, нок	[murœd], [nok]
citroen (de)	лиму	[limu]
sinaasappel (de)	афлесун, пӯртахол	[aflesun], [pœrtaχol]
aardbei (de)	қулфинай	[qulfinaj]
mandarijn (de)	норанг	[norang]
pruim (de)	олу	[olu]
perzik (de)	шафтолу	[ʃaftolu]
abrikoos (de)	дарахти зардолу	[daraχti zardolu]
framboos (de)	тамашк	[tamaʃk]
ananas (de)	ананас	[ananas]
banaan (de)	банан	[banan]
watermeloen (de)	тарбуз	[tarbuz]
druif (de)	ангур	[angur]
zure kers (de)	олуболу	[olubolu]
zoete kers (de)	гелос	[gelos]
grapefruit (de)	норинч	[norindʒ]
avocado (de)	авокадо	[avokado]
papaja (de)	папайя	[papajja]
mango (de)	анбаҳ	[anbah]

granaatappel (de)	анор	[anor]
rode bes (de)	коти сурх	[koti surχ]
zwarte bes (de)	қоти сиёх	[qoti sijɔh]
kruisbes (de)	бектошй	[bektoʃi:]
bosbes (de)	черника	[tʃernika]
braambes (de)	марминчон	[marmindʒon]

rozijn (de)	мавиз	[maviz]
vijg (de)	анчир	[andʒir]
dadel (de)	хурмо	[χurmo]

pinda (de)	финдуки заминй	[finduki zamini:]
amandel (de)	бодом	[bodom]
walnoot (de)	чормаѓз	[tʃormaʁz]
hazelnoot (de)	финдиқ	[findiq]
kokosnoot (de)	норгил	[norgil]
pistaches (mv.)	писта	[pista]

45. Brood. Snoep

suikerbakkerij (de)	маҳсулоти қанноди	[mahsuloti qannodi]
brood (het)	нон	[non]
koekje (het)	кулчақанд	[kultʃaqand]

chocolade (de)	шоколад	[ʃokolad]
chocolade- (abn)	... и шоколад, шоколадй	[i ʃokolad], [ʃokoladi:]
snoepje (het)	конфет	[konfet]
cakeje (het)	пирожни	[piroʒni]
taart (bijv. verjaardags~)	торт	[tort]

| pastei (de) | пирог | [pirog] |
| vulling (de) | пур кардани, андохтани | [pur kardani], [andoχtani] |

confituur (de)	мураббо	[murabbo]
marmelade (de)	мармалод	[marmalod]
wafel (de)	вафлй	[vafli:]
IJsje (het)	яхмос	[jaχmos]
pudding (de)	пудинг	[puding]

46. Bereide gerechten

gerecht (het)	таом	[taom]
keuken (bijv. Franse ~)	таомхо	[taomho]
recept (het)	ретсепт	[retsept]
portie (de)	навола	[navola]

| salade (de) | салат | [salat] |
| soep (de) | шӯрбо | [ʃœrbo] |

bouillon (de)	булён	[buljɔn]
boterham (de)	бутерброд	[buterbrod]
spiegelei (het)	тухмбирён	[tuχmbirjɔn]

| hamburger (de) | гамбургер | [gamburger] |
| biefstuk (de) | бифштекс | [bifʃteks] |

garnering (de)	хӯриши таом	[χœriʃi taom]
spaghetti (de)	спагеттӣ	[spagetti:]
aardappelpuree (de)	пюре	[pjure]
pizza (de)	питса	[pitsa]
pap (de)	шӯла	[ʃœla]
omelet (de)	омлет, тухмбирён	[omlet], [tuχmbirjɔn]

gekookt (in water)	чӯшондашуда	[ʤœʃondaʃuda]
gerookt (bn)	дудхӯрда	[dudχœrda]
gebakken (bn)	бирён	[birjɔn]
gedroogd (bn)	хушк	[χuʃk]
diepvries (bn)	яхкарда	[jaχkarda]
gemarineerd (bn)	дар сирко хобондашуда	[dar sirko χobondaʃuda]

zoet (bn)	ширин	[ʃirin]
gezouten (bn)	шӯр	[ʃœr]
koud (bn)	хунук	[χunuk]
heet (bn)	гарм	[garm]
bitter (bn)	талх	[talχ]
lekker (bn)	бомаза	[bomaza]

koken (in kokend water)	пухтан, чӯшондан	[puχtan], [ʤœʃondan]
bereiden (avondmaaltijd ~)	пухтан	[puχtan]
bakken (ww)	бирён кардан	[birjɔn kardan]
opwarmen (ww)	гарм кардан	[garm kardan]

zouten (ww)	намак андохтан	[namak andoχtan]
peperen (ww)	қаламфур андохтан	[qalamfur andoχtan]
raspen (ww)	тарошидан	[taroʃidan]
schil (de)	пӯст	[pœst]
schillen (ww)	пӯст кандан	[pœst kandan]

47. Kruiden

zout (het)	намак	[namak]
gezouten (bn)	шӯр	[ʃœr]
zouten (ww)	намак андохтан	[namak andoχtan]

zwarte peper (de)	мурчи сиёх	[murtʃi sijɔh]
rode peper (de)	мурчи сурх	[murtʃi surχ]
mosterd (de)	хардал	[χardal]
mierikswortel (de)	қахзак	[qahzak]

condiment (het)	хӯриш	[χœriʃ]
specerij , kruiderij (de)	дорувор	[doruvor]
saus (de)	қайла	[qajla]
azijn (de)	сирко	[sirko]

anijs (de)	тухми бодиён	[tuχmi bodijɔn]
basilicum (de)	нозбӯй, райхон	[nozbœj], [rajhon]
kruidnagel (de)	қаланфури гардан	[qalanfuri gardan]

gember (de)	занчабил	[zandʒabil]
koriander (de)	кашнич	[kaʃnidʒ]
kaneel (de/het)	дорчин, долчин	[dortʃin], [doltʃin]

sesamzaad (het)	кунчид	[kundʒid]
laurierblad (het)	барги ғор	[bargi ʁor]
paprika (de)	қаламфур	[qalamfur]
komijn (de)	зира	[zira]
saffraan (de)	заъфарон	[za'faron]

48. Maaltijden

| eten (het) | хӯрок, таом | [χœrok], [taom] |
| eten (ww) | хӯрдан | [χœrdan] |

ontbijt (het)	ноништа	[noniʃta]
ontbijten (ww)	ноништа кардан	[noniʃta kardan]
lunch (de)	хӯроки пешин	[χœroki peʃin]
lunchen (ww)	хӯроки пешин хӯрдан	[χœroki peʃin χœrdan]
avondeten (het)	шом	[ʃom]
souperen (ww)	хӯроки шом хӯрдан	[χœroki ʃom χœrdan]

| eetlust (de) | иштихо | [iʃtiho] |
| Eet smakelijk! | ош шавад! | [oʃ ʃavad] |

openen (een fles ~)	кушодан	[kuʃodan]
morsen (koffie, enz.)	резондан	[rezondan]
zijn gemorst	рехтан	[reχtan]

koken (water kookt bij 100°C)	чӯшидан	[dʒœʃidan]
koken (Hoe om water te ~)	чӯшондан	[dʒœʃondan]
gekookt (~ water)	чӯшомада	[dʒœʃomada]

| afkoelen (koeler maken) | хунук кардан | [χunuk kardan] |
| afkoelen (koeler worden) | хунук шудан | [χunuk ʃudan] |

| smaak (de) | маза, таъм | [maza], [ta'm] |
| nasmaak (de) | таъм | [ta'm] |

volgen een dieet	хароб шудан	[χarob ʃudan]
dieet (het)	диета	[dieta]
vitamine (de)	витамин	[vitamin]
calorie (de)	калория	[kalorija]

| vegetariër (de) | гӯштнахӯранда | [gœʃtnaχœranda] |
| vegetarisch (bn) | бегӯшт | [begœʃt] |

vetten (mv.)	равған	[ravʁan]
eiwitten (mv.)	сафедахо	[safedaho]
koolhydraten (mv.)	карбогидратхо	[karbogidratho]

snede (de)	тилим, порча	[tilim], [portʃa]
stuk (bijv. een ~ taart)	порча	[portʃa]
kruimel (de)	резгӣ	[rezgi:]

49. Tafelschikking

lepel (de)	қошуқ	[qoʃuq]
mes (het)	корд	[kord]
vork (de)	чангча, чангол	[ʧangʧa], [ʧangol]
kopje (het)	косача	[kosaʧa]
bord (het)	тақсимча	[taqsimʧa]
schoteltje (het)	тақсимӣ, тақсимича	[taqsimi:], [taqsimiʧa]
servet (het)	салфетка	[salfetka]
tandenstoker (de)	дандонковак	[dandonkovak]

50. Restaurant

restaurant (het)	тарабхона	[tarabχona]
koffiehuis (het)	қаҳвахона	[qahvaχona]
bar (de)	бар	[bar]
tearoom (de)	чойхона	[ʧojχona]
kelner, ober (de)	пешхизмат	[peʃχizmat]
serveerster (de)	пешхизмат	[peʃχizmat]
barman (de)	бармен	[barmen]
menu (het)	меню	[menju]
wijnkaart (de)	рӯйхати шаробҳо	[rœjχati ʃarobho]
een tafel reserveren	банд кардани миз	[band kardani miz]
gerecht (het)	таом	[taom]
bestellen (eten ~)	супориш додан	[suporiʃ dodan]
een bestelling maken	фармоиш додан	[farmoiʃ dodan]
aperitief (de/het)	аперитив	[aperitiv]
voorgerecht (het)	хӯриш, газак	[χœriʃ], [gazak]
dessert (het)	десерт	[desert]
rekening (de)	ҳисоб	[hisob]
de rekening betalen	пардохт кардан	[pardoχt kardan]
wisselgeld teruggeven	бақия додан	[baqija dodan]
fooi (de)	чойпулӣ	[ʧojpuli:]

Familie, verwanten en vrienden

51. Persoonlijke informatie. Formulieren

naam (de)	ном	[nom]
achternaam (de)	фамилия	[familija]
geboortedatum (de)	рӯзи таваллуд	[rœzi tavallud]
geboorteplaats (de)	ҷойи таваллуд	[dʒoji tavallud]

nationaliteit (de)	миллият	[millijat]
woonplaats (de)	ҷои истиқомат	[dʒoi istiqomat]
land (het)	кишвар	[kiʃvar]
beroep (het)	касб	[kasb]

geslacht (ov. het vrouwelijk ~)	ҷинс	[dʒins]
lengte (de)	қад	[qad]
gewicht (het)	вазн	[vazn]

52. Familieleden. Verwanten

moeder (de)	модар	[modar]
vader (de)	падар	[padar]
zoon (de)	писар	[pisar]
dochter (de)	духтар	[duχtar]

jongste dochter (de)	духтари хурдӣ	[duχtari χurdi:]
jongste zoon (de)	писари хурдӣ	[pisari χurdi:]
oudste dochter (de)	духтари калонӣ	[duχtari kaloni:]
oudste zoon (de)	писари калонӣ	[pisari kaloni:]

broer (de)	бародар	[barodar]
oudere broer (de)	ака	[aka]
jongere broer (de)	додар	[dodar]
zuster (de)	хоҳар	[χohar]
oudere zuster (de)	апа	[apa]
jongere zuster (de)	хоҳари хурд	[χohari χurd]

| neef (zoon van oom, tante) | амакписар (ама-, тағо-, хола-) | [amakpisar] ([ama], [taʁo], [χola]) |
| nicht (dochter van oom, tante) | амакдухтар (ама-, тағо-, хола-) | [amakduχtar] ([ama], [taʁo], [χola]) |

mama (de)	модар, оча	[modar], [otʃa]
papa (de)	дада	[dada]
ouders (mv.)	волидайн	[volidajn]
kind (het)	кӯдак	[kœdak]
kinderen (mv.)	бачагон, кӯдакон	[batʃagon], [kœdakon]

oma (de)	модаркалон, онакалон	[modarkalon], [onakalon]
opa (de)	бобо	[bobo]
kleinzoon (de)	набера	[nabera]
kleindochter (de)	набера	[nabera]
kleinkinderen (mv.)	набераҳо	[naberaho]

oom (de)	тағо, амак	[taʁo], [amak]
tante (de)	хола, амма	[χola], [amma]
neef (zoon van broer, zus)	чиян	[dʒijan]
nicht (dochter van broer ,zus)	чиян	[dʒijan]

schoonmoeder (de)	модарарӯс	[modararœs]
schoonvader (de)	падаршӯй	[padarʃœj]
schoonzoon (de)	почо, язна	[potʃo], [jazna]
stiefmoeder (de)	модарандар	[modarandar]
stiefvader (de)	падарандар	[padarandar]

zuigeling (de)	бачаи ширмак	[batʃai ʃirmak]
wiegenkind (het)	кӯдаки ширмак	[kœdaki ʃirmak]
kleuter (de)	писарча, кӯдак	[pisartʃa], [kœdak]

vrouw (de)	зан	[zan]
man (de)	шавҳар, шӯй	[ʃavhar], [ʃœj]
echtgenoot (de)	завч	[zavdʒ]
echtgenote (de)	завча	[zavdʒa]

gehuwd (mann.)	зандор	[zandor]
gehuwd (vrouw.)	шавҳардор	[ʃavhardor]
ongehuwd (mann.)	безан	[bezan]
vrijgezel (de)	безан	[bezan]
gescheiden (bn)	чудошудагӣ	[dʒudoʃudagi:]
weduwe (de)	бева, бевазан	[beva], [bevazan]
weduwnaar (de)	бева, занмурда	[beva], [zanmurda]

familielid (het)	хеш	[χeʃ]
dichte familielid (het)	хеши наздик	[χeʃi nazdik]
verre familielid (het)	хеши дур	[χeʃi dur]
familieleden (mv.)	хешу табор	[χeʃu tabor]

wees (weesjongen)	ятимбача	[jatimbatʃa]
wees (weesmeisje)	ятимдухтар	[jatimduχtar]
voogd (de)	васӣ	[vasi:]
adopteren (een jongen te ~)	писар хондан	[pisar χondan]
adopteren (een meisje te ~)	духтархонд кардан	[duχtarχond kardan]

53. Vrienden. Collega's

vriend (de)	дӯст, чӯра	[dœst], [dʒœra]
vriendin (de)	дугона	[dugona]
vriendschap (de)	дӯстӣ, чӯрагӣ	[dœsti:], [dʒœragi:]
bevriend zijn (ww)	дӯстӣ кардан	[dœsti: kardan]

makker (de)	дуст, рафик	[dust], [rafik]
vriendin (de)	шинос	[ʃinos]

partner (de)	шарик	[ʃarik]
chef (de)	сардор	[sardor]
baas (de)	сардор	[sardor]
eigenaar (de)	соҳиб	[sohib]
ondergeschikte (de)	зердаст	[zerdast]
collega (de)	ҳамкор	[hamkor]
kennis (de)	шинос, ошно	[ʃinos], [oʃno]
medereiziger (de)	ҳамроҳ	[hamroh]
klasgenoot (de)	ҳамсинф	[hamsinf]
buurman (de)	ҳамсоя	[hamsoja]
buurvrouw (de)	ҳамсоязан	[hamsojazan]
buren (mv.)	ҳамсояҳо	[hamsojaho]

54. Man. Vrouw

vrouw (de)	зан, занак	[zan], [zanak]
meisje (het)	чавондухтар	[dʒavonduxtar]
bruid (de)	арӯс	[arœs]
mooi(e) (vrouw, meisje)	зебо	[zebo]
groot, grote (vrouw, meisje)	зани қадбаланд	[zani qadbaland]
slank(e) (vrouw, meisje)	мавзун	[mavzun]
korte, kleine (vrouw, meisje)	начандон баланд	[natʃandon baland]
blondine (de)	духтари малламӯй	[duxtari mallamœj]
brunette (de)	зани сиёхмӯй	[zani sijohmœj]
dames- (abn)	занона	[zanona]
maagd (de)	бокира, афифа	[bokira], [afifa]
zwanger (bn)	ҳомила	[homila]
man (de)	мард	[mard]
blonde man (de)	марди малламӯй	[mardi mallamœj]
bruinharige man (de)	марди сиёхмӯй	[mardi sijohmœj]
groot (bn)	қадбаланд	[qadbaland]
klein (bn)	начандон баланд	[natʃandon baland]
onbeleefd (bn)	дағал	[daʁal]
gedrongen (bn)	ғалча	[ʁaltʃa]
robuust (bn)	боқувват	[boquvvat]
sterk (bn)	зӯр	[zœr]
sterkte (de)	зӯр, қувва	[zœr], [quvva]
mollig (bn)	фарбеҳ, пурра	[farbeh], [purra]
getaand (bn)	сабзина	[sabzina]
slank (bn)	мавзун	[mavzun]
elegant (bn)	босалиқа	[bosaliqa]

55. Leeftijd

leeftijd (de)	син	[sin]
jeugd (de)	чавонӣ	[dʒavoni:]

jong (bn)	чавон	[dʒavon]
jonger (bn)	хурд, хурдӣ	[χurd], [χurdi:]
ouder (bn)	калон	[kalon]

jongen (de)	чавон	[dʒavon]
tiener, adolescent (de)	наврас	[navras]
kerel (de)	чавон	[dʒavon]

| oude man (de) | пир | [pir] |
| oude vrouw (de) | пиразан | [pirazan] |

volwassen (bn)	калонсол	[kalonsol]
van middelbare leeftijd (bn)	солдида	[soldida]
bejaard (bn)	пир, солхӯрда	[pir], [solχœrda]
oud (bn)	пир	[pir]

pensioen (het)	нафақа	[nafaqa]
met pensioen gaan	ба нафақа баромадан	[ba nafaqa baromadan]
gepensioneerde (de)	нафақахӯр	[nafaqaχœr]

56. Kinderen

kind (het)	кӯдак	[kœdak]
kinderen (mv.)	бачагон, кӯдакон	[batʃagon], [kœdakon]
tweeling (de)	дугоник	[dugonik]

wieg (de)	гаҳвора	[gahvora]
rammelaar (de)	шақилдоқ	[ʃaqildoq]
luier (de)	уребча	[urebtʃa]

speen (de)	чочак	[tʃotʃak]
kinderwagen (de)	аробачаи бачагона	[arobatʃai batʃagona]
kleuterschool (de)	боғчаи бачагон	[boʁtʃai batʃagon]
babysitter (de)	бачабардор	[batʃabardor]

kindertijd (de)	бачагӣ, кӯдакӣ	[batʃagi:], [kœdaki:]
pop (de)	лӯхтак	[lœχtak]
speelgoed (het)	бозича	[bozitʃa]
bouwspeelgoed (het)	конструктор	[konstruktor]
welopgevoed (bn)	тарбиядида	[tarbijadida]
onopgevoed (bn)	беодоб	[beodob]
verwend (bn)	эрка	[ɛrka]

stout zijn (ww)	шӯхӣ кардан	[ʃœχi: kardan]
stout (bn)	шӯх	[ʃœχ]
stoutheid (de)	шӯхӣ	[ʃœχi:]
stouterd (de)	шӯх	[ʃœχ]

| gehoorzaam (bn) | ҳалим | [halim] |
| ongehoorzaam (bn) | саркаш | [sarkaʃ] |

braaf (bn)	ҳалим	[halim]
slim (verstandig)	оқил	[oqil]
wonderkind (het)	вундеркинд	[vunderkind]

57. Gehuwde paren. Gezinsleven

kussen (een kus geven)	бӯсидан	[bœsidan]
elkaar kussen (ww)	бӯсобӯсӣ кардан	[bœsobœsi: kardan]
gezin (het)	оила	[oila]
gezins- (abn)	оилавӣ	[oilavi:]
paar (het)	ҷуфт, зану шавҳар	[dʒuft], [zanu ʃavhar]
huwelijk (het)	никоҳ	[nikoh]
thuis (het)	хонавода	[χonavoda]
dynastie (de)	сулола	[sulola]
date (de)	вохӯрӣ	[voχœri:]
zoen (de)	бӯса	[bœsa]
liefde (de)	муҳаббат, ишқ	[muhabbat], [iʃq]
liefhebben (ww)	дӯст доштан	[dœst doʃtan]
geliefde (bn)	азиз, маҳбуб	[aziz], [mahbub]
tederheid (de)	меҳрубонӣ	[mehruboni:]
teder (bn)	меҳрубон	[mehrubon]
trouw (de)	вафодорӣ	[vafodori:]
trouw (bn)	вафодор	[vafodor]
zorg (bijv. bejaarden~)	ғамхорӣ	[ʁamχori:]
zorgzaam (bn)	ғамхор	[ʁamχor]
jonggehuwden (mv.)	навхонадор	[navχonador]
wittebroodsweken (mv.)	моҳи асал	[mohi asal]
trouwen (vrouw)	шавҳар кардан	[ʃavhar kardan]
trouwen (man)	зан гирифтан	[zan giriftan]
bruiloft (de)	тӯй, тӯйи арӯсӣ	[tœj], [tœji arœsi:]
gouden bruiloft (de)	панҷоҳсолагии тӯйи арӯсӣ	[pandʒohsolagi:i tœji arœsi:]
verjaardag (de)	солгард, солагӣ	[solgard], [solagi:]
minnaar (de)	ошиқ	[oʃiq]
minnares (de)	маъшуқа	[ma'ʃuqa]
overspel (het)	бевафой	[bevafoi:]
overspel plegen (ww)	бевафой кардан	[bevafoi: kardan]
jaloers (bn)	бадрашк	[badraʃk]
jaloers zijn (echtgenoot, enz.)	рашк кардан	[raʃk kardan]
echtscheiding (de)	талоқ	[taloq]
scheiden (ww)	талоқ гирифтан	[taloq giriftan]
ruzie hebben (ww)	ҷанҷол кардан	[dʒandʒol kardan]
vrede sluiten (ww)	оштӣ шудан	[oʃti: ʃudan]
samen (bw)	дар як ҷо	[dar jak dʒo]
seks (de)	шаҳват	[ʃahvat]
geluk (het)	бахт	[baχt]
gelukkig (bn)	хушбахт	[χuʃbaχt]
ongeluk (het)	бадбахтӣ	[badbaχti:]
ongelukkig (bn)	бадбахт	[badbaχt]

Karakter. Gevoelens. Emoties

58. Gevoelens. Emoties

gevoel (het)	ҳис	[his]
gevoelens (mv.)	ҳиссиёт	[hissijɔt]
voelen (ww)	ҳис кардан	[his kardan]
honger (de)	гуруснагӣ	[gurusnagi:]
honger hebben (ww)	хӯрок хостан	[χœrok χɔstan]
dorst (de)	ташнагӣ	[taʃnagi:]
dorst hebben	об хостан	[ob χɔstan]
slaperigheid (de)	хоболудӣ	[χɔboludi:]
willen slapen	хоб рафтан хостан	[χɔb raftan χɔstan]
moeheid (de)	мондашавӣ	[mondaʃavi:]
moe (bn)	мондашуда	[mondaʃuda]
vermoeid raken (ww)	монда шудан	[monda ʃudan]
stemming (de)	рӯҳия, кайфият	[rœhija], [kajfijat]
verveling (de)	дилтангӣ, зикӣ	[diltangi:], [ziqi:]
zich vervelen (ww)	дилтанг шудан	[diltang ʃudan]
afzondering (de)	танхӯй	[tanhoi:]
zich afzonderen (ww)	танҳо мондан	[tanho mondan]
bezorgd maken (ww)	ташвиш додан	[taʃviʃ dodan]
zich bezorgd maken	нороҳат шудан	[norohat ʃudan]
zorg (bijv. geld~en)	нороҳатӣ	[norohati:]
ongerustheid (de)	ҳаяҷон	[hajadʒon]
ongerust (bn)	мушавваш	[muʃavvaʃ]
zenuwachtig zijn (ww)	асабони шудан	[asaboni ʃudan]
in paniek raken	воҳима кардан	[vohima kardan]
hoop (de)	умед	[umed]
hopen (ww)	умед доштан	[umed doʃtan]
zekerheid (de)	дилпурӣ	[dilpuri:]
zeker (bn)	дилпур	[dilpur]
onzekerheid (de)	эътимод надоштани	[ɛ'timod nadoʃtani]
onzeker (bn)	эътимоднадошта	[ɛ'timodnadoʃta]
dronken (bn)	маст	[mast]
nuchter (bn)	хушёр	[huʃjɔr]
zwak (bn)	заиф	[zaif]
gelukkig (bn)	хушбахт	[χuʃbaχt]
doen schrikken (ww)	тарсондан	[tarsondan]
toorn (de)	ғазабнокӣ	[ʁazabnoki:]
woede (de)	бадхашмӣ	[badχaʃmi:]
depressie (de)	рӯҳафтодагӣ	[rœhaftodagi:]
ongemak (het)	нороҳат	[norohat]

gemak, comfort (het)	хузуру ҳаловат	[huzuru halovat]
spijt hebben (ww)	таассуф хӯрдан	[taassuf χœrdan]
spijt (de)	таассуф	[taassuf]
pech (de)	нобарорӣ, нокомӣ	[nobarori:], [nokomi:]
bedroefdheid (de)	ранчиш, озор	[randʒiʃ], [ozor]

schaamte (de)	шарм	[ʃarm]
pret (de), plezier (het)	шодӣ, хурсандӣ	[ʃodi:], [χursandi:]
enthousiasme (het)	ғайрат	[ʁajrat]
enthousiasteling (de)	одами боғаират	[odami boʁairat]
enthousiasme vertonen	ғайрат кардан	[ʁajrat kardan]

59. Karakter. Persoonlijkheid

karakter (het)	феъл, табиат	[fe'l], [tabiat]
karakterfout (de)	камбудӣ	[kambudi:]
verstand (het)	ақл	[aql]
rede (de)	фаҳм	[fahm]

geweten (het)	виҷдон	[vidʒdon]
gewoonte (de)	одат	[odat]
bekwaamheid (de)	қобилият	[qobilijat]
kunnen (bijv., ~ zwemmen)	тавонистан	[tavonistan]

geduldig (bn)	бурдбор	[burdbor]
ongeduldig (bn)	бетоқат	[betoqat]
nieuwsgierig (bn)	кунҷков	[kundʒkov]
nieuwsgierigheid (de)	кунҷковӣ	[kundʒkovi:]

bescheidenheid (de)	хоксорӣ	[χoksori:]
bescheiden (bn)	хоксор	[χoksor]
onbescheiden (bn)	густохона	[gustoχona]

luiheid (de)	танбалӣ	[tanbali:]
lui (bn)	танбал	[tanbal]
luiwammes (de)	танбал	[tanbal]

sluwheid (de)	ҳилагарӣ	[hilagari:]
sluw (bn)	ҳилагар	[hilagar]
wantrouwen (het)	нобоварӣ	[nobovari:]
wantrouwig (bn)	нобовар	[nobovar]

gulheid (de)	саховат	[saχovat]
gul (bn)	сахӣ	[saχi:]
talentrijk (bn)	боистеъдод	[boiste'dod]
talent (het)	истеъдод	[iste'dod]

moedig (bn)	нотарс, ҷасур	[notars], [dʒasur]
moed (de)	нотарсӣ, ҷасурӣ	[notarsi:], [dʒasuri:]
eerlijk (bn)	бовиҷдон	[bovidʒdon]
eerlijkheid (de)	бовиҷдонӣ	[bovidʒdoni:]

| voorzichtig (bn) | эҳтиёткор | [ɛhtijotkor] |
| manhaftig (bn) | диловар | [dilovar] |

ernstig (bn)	мулоҳизакор	[mulohizakor]
streng (bn)	сахтгир	[saχtgir]
resoluut (bn)	собитқадам	[sobitqadam]
onzeker, irresoluut (bn)	сабукмизоҷ	[sabukmizoʤ]
schuchter (bn)	бечуръат	[bedʒur'at]
schuchterheid (de)	бечуръатӣ	[bedʒur'ati:]
vertrouwen (het)	бовар	[bovar]
vertrouwen (ww)	бовар кардан	[bovar kardan]
goedgelovig (bn)	зудбовар	[zudbovar]
oprecht (bw)	самимона	[samimona]
oprecht (bn)	самимӣ	[samimi:]
oprechtheid (de)	самимият	[samimijat]
open (bn)	кушод	[kuʃod]
rustig (bn)	ором	[orom]
openhartig (bn)	фошофош	[foʃofoʃ]
naïef (bn)	соддадил	[soddadil]
verstrooid (bn)	хаёлпарешон	[χajɔlpareʃon]
leuk, grappig (bn)	хандаовар	[χandaovar]
gierigheid (de)	хасисӣ	[χasisi:]
gierig (bn)	хасис	[χasis]
inhalig (bn)	хасис	[χasis]
kwaad (bn)	бад, шарир	[bad], [ʃarir]
koppig (bn)	якрав	[jakrav]
onaangenaam (bn)	дилнокаш	[dilnokaʃ]
egoïst (de)	худпараст	[χudparast]
egoïstisch (bn)	худпарастона	[χudparastona]
lafaard (de)	тарсончак	[tarsontʃak]
laf (bn)	тарсончак	[tarsontʃak]

60. Slaap. Dromen

slapen (ww)	хобидан	[χobidan]
slaap (in ~ vallen)	хоб	[χob]
droom (de)	хоб	[χob]
dromen (in de slaap)	хоб дидан	[χob didan]
slaperig (bn)	хоболуд	[χobolud]
bed (het)	кат	[kat]
matras (de)	матрас, бистар	[matras], [bistar]
deken (de)	кӯрпа	[kœrpa]
kussen (het)	болишт	[boliʃt]
laken (het)	ҷойпӯш	[ʤɔjpœʃ]
slapeloosheid (de)	бехобӣ	[beχobi:]
slapeloos (bn)	бехоб	[beχob]
slaapmiddel (het)	доруи хоб	[dorui χob]
slaapmiddel innemen	доруи хоб нӯшидан	[dorui χob nœʃidan]
willen slapen	хоб рафтан хостан	[χob raftan χostan]

geeuwen (ww)	хамёза кашидан	[χamjɔza kaʃidan]
gaan slapen	хобравй рафтан	[χɔbravi: raftan]
het bed opmaken	чогаҳ андохтан	[dʒɔgah andɔχtan]
inslapen (ww)	хоб рафтан	[χɔb raftan]

nachtmerrie (de)	сиёҳй	[sijɔhi:]
gesnurk (het)	хуррок	[χurrok]
snurken (ww)	хуррок кашидан	[χurrok kaʃidan]

wekker (de)	соати рӯимизии зангдор	[soati rœimizi:i zangdor]
wekken (ww)	бедор кардан	[bedor kardan]
wakker worden (ww)	аз хоб бедор шудан	[az χɔb bedor ʃudan]
opstaan (ww)	саҳар хестан	[sahar χestan]
zich wassen (ww)	дасту рӯй шустан	[dastu rœj ʃustan]

61. Humor. Gelach. Blijdschap

humor (de)	ҳачв	[hadʒv]
gevoel (het) voor humor	шӯхтабъй	[ʃœχtab'i:]
plezier hebben (ww)	хурсандй кардан	[χursandi: kardan]
vrolijk (bn)	хушҳол	[χuʃhol]
pret (de), plezier (het)	шодй, хурсандй	[ʃodi:], [χursandi:]

glimlach (de)	табассум	[tabassum]
glimlachen (ww)	табассум кардан	[tabassum kardan]
beginnen te lachen (ww)	хандидан	[χandidan]
lachen (ww)	хандидан	[χandidan]
lach (de)	ханда	[χanda]

mop (de)	латифа, ҳикояти мазҳакавӣ	[latifa], [hikojati mazhakavi:]
grappig (een ~ verhaal)	хандаовар	[χandaovar]
grappig (~e clown)	хандаовар	[χandaovar]

grappen maken (ww)	шӯхй кардан	[ʃœχi: kardan]
grap (de)	шӯхй	[ʃœχi:]
blijheid (de)	шодй	[ʃodi:]
blij zijn (ww)	шодй кардан	[ʃodi: kardan]
blij (bn)	хурсанд	[χursand]

62. Discussie, conversatie. Deel 1

communicatie (de)	алоқа, робита	[aloqa], [robita]
communiceren (ww)	алоқа доштан	[aloqa doʃtan]

conversatie (de)	сӯхбат	[sœhbat]
dialoog (de)	муколима	[mukolima]
discussie (de)	мубоҳиса	[mubohisa]
debat (het)	баҳс	[bahs]
debatteren, twisten (ww)	баҳс кардан	[bahs kardan]
gesprekspartner (de)	ҳамсӯхбат	[hamsœhbat]
thema (het)	мавзӯъ	[mavzœ']

standpunt (het)	нуқтаи назар	[nuqtai nazar]
mening (de)	фикр	[fikr]
toespraak (de)	нутқ	[nutq]

bespreking (de)	муҳокима	[muhokima]
bespreken (spreken over)	муҳокима кардан	[muhokima kardan]
gesprek (het)	сӯҳбат	[sœhbat]
spreken (converseren)	сӯҳбат кардан	[sœhbat kardan]
ontmoeting (de)	мулоқот	[muloqot]
ontmoeten (ww)	мулоқот кардан	[muloqot kardan]

spreekwoord (het)	зарбулмасал	[zarbulmasal]
gezegde (het)	мақол	[maqol]
raadsel (het)	чистон	[tʃiston]
een raadsel opgeven	чистон гуфтан	[tʃiston guftan]
wachtwoord (het)	рамз	[ramz]
geheim (het)	сир, роз	[sir], [roz]

eed (de)	қасам	[qasam]
zweren (een eed doen)	қасам хурдан	[qasam χurdan]
belofte (de)	ваъда	[va'da]
beloven (ww)	ваъда додан	[va'da dodan]

advies (het)	маслиҳат	[maslihat]
adviseren (ww)	маслиҳат додан	[maslihat dodan]
advies volgen (iemands ~)	аз рӯи маслиҳат рафтор кардан	[az rœi maslihat raftor kardan]
luisteren (gehoorzamen)	ба маслиҳат гӯш додан	[ba maslihat gœʃ dodan]

nieuws (het)	навй, навигарй	[navi:], [navigari:]
sensatie (de)	ҳангома	[hangoma]
informatie (de)	маълумот	[ma'lumot]
conclusie (de)	хулоса	[χulosa]
stem (de)	овоз	[ovoz]
compliment (het)	таъриф	[ta'rif]
vriendelijk (bn)	меҳрубон	[mehrubon]

woord (het)	калима	[kalima]
zin (de), zinsdeel (het)	ибора	[ibora]
antwoord (het)	ҷавоб	[dʒavob]

| waarheid (de) | ҳақиқат | [haqiqat] |
| leugen (de) | дурӯғ | [durœʁ] |

gedachte (de)	фикр, ақл	[fikr], [aql]
idee (de/het)	фикр	[fikr]
fantasie (de)	сайри хаёлот	[sajri χajɔlot]

63. Discussie, conversatie. Deel 2

gerespecteerd (bn)	мӯҳтарам	[mœhtaram]
respecteren (ww)	ҳурмат кардан	[hurmat kardan]
respect (het)	ҳурмат	[hurmat]
Geachte ... (brief)	Мӯҳтарам ...	[mœhtaram]

| voorstellen (Mag ik jullie ~) | ошно кардан | [oʃno kardan] |
| kennismaken (met ...) | ошно шудан | [oʃno ʃudan] |

intentie (de)	ният	[nijat]
intentie hebben (ww)	ният доштан	[nijat doʃtan]
wens (de)	орзу, хоҳиш	[orzu], [χohiʃ]
wensen (ww)	орзу кардан	[orzu kardan]

verbazing (de)	тааҷҷуб, ҳайрат	[taadʒdʒub], [hajrat]
verbazen (verwonderen)	ба ҳайрат андохтан	[ba hajrat andoχtan]
verbaasd zijn (ww)	ба ҳайрат афтодан	[ba hajrat aftodan]

geven (ww)	додан	[dodan]
nemen (ww)	гирифтан	[giriftan]
teruggeven (ww)	баргардондан	[bargardondan]
retourneren (ww)	баргардондан	[bargardondan]

zich verontschuldigen	узр пурсидан	[uzr pursidan]
verontschuldiging (de)	узр, афв	[uzr], [afv]
vergeven (ww)	бахшидан	[baχʃidan]

spreken (ww)	гап задан	[gap zadan]
luisteren (ww)	гӯш кардан	[gœʃ kardan]
aanhoren (ww)	гӯш кардан	[gœʃ kardan]
begrijpen (ww)	фаҳмидан	[fahmidan]

tonen (ww)	нишон додан	[niʃon dodan]
kijken naar ...	нигоҳ кардан ба ...	[nigoh kardan ba]
roepen (vragen te komen)	чеғ задан	[dʒeʁ zadan]
afleiden (storen)	халал расондан	[χalal rasondan]
storen (lastigvallen)	халал расондан	[χalal rasondan]
doorgeven (ww)	расонидан	[rasonidan]

verzoek (het)	пурсиш	[pursiʃ]
verzoeken (ww)	пурсидан	[pursidan]
eis (de)	талаб	[talab]
eisen (met klem vragen)	талаб кардан	[talab kardan]

beledigen	шӯронидан	[ʃœronidan]
(beledigende namen geven)		
uitlachen (ww)	масхара кардан	[masχara kardan]
spot (de)	масхара	[masχara]
bijnaam (de)	лақаб	[laqab]

zinspeling (de)	ишора	[iʃora]
zinspelen (ww)	ишора кардан	[iʃora kardan]
impliceren (duiden op)	тахмин кардан	[taχmin kardan]

beschrijving (de)	тасвир	[tasvir]
beschrijven (ww)	тасвир кардан	[tasvir kardan]
lof (de)	таъриф	[ta'rif]
loven (ww)	таъриф кардан	[ta'rif kardan]

teleurstelling (de)	ноумедӣ	[noumedi:]
teleurstellen (ww)	ноумед кардан	[noumed kardan]
teleurgesteld zijn (ww)	ноумед шудан	[noumed ʃudan]

veronderstelling (de)	гумон	[gumon]
veronderstellen (ww)	гумон доштан	[gumon doʃtan]
waarschuwing (de)	огоҳӣ	[ogohi:]
waarschuwen (ww)	огоҳонидан	[ogohonidan]

64. Discussie, conversatie. Deel 3

| aanpraten (ww) | розӣ кардан | [rozi: kardan] |
| kalmeren (kalm maken) | ором кардан | [orom kardan] |

stilte (de)	хомӯшӣ	[χomœʃi:]
zwijgen (ww)	хомӯш будан	[χomœʃ budan]
fluisteren (ww)	пичиррос задан	[pitʃirros zadan]
gefluister (het)	пичиррос	[pitʃirros]

| open, eerlijk (bw) | фошофош | [foʃofoʃ] |
| volgens mij … | ба фикри ман … | [ba fikri man] |

detail (het)	муфассалӣ	[mufassali:]
gedetailleerd (bn)	муфассал	[mufassal]
gedetailleerd (bw)	муфассал	[mufassal]

| hint (de) | луқма додан | [luqma dodan] |
| een hint geven | луқма додан | [luqma dodan] |

blik (de)	нигоҳ	[nigoh]
een kijkje nemen	нигоҳ кардан	[nigoh kardan]
strak (een ~ke blik)	карахт	[karaχt]
knipperen (ww)	мижа задан	[miʒa zadan]
knipogen (ww)	чашмакӣ задан	[tʃaʃmaki: zadan]
knikken (ww)	сар ҷунбондан	[sar dʒunbondan]

zucht (de)	нафас	[nafas]
zuchten (ww)	нафас рост кардан	[nafas rost kardan]
huiveren (ww)	як қад ларидан	[jak qad laridan]
gebaar (het)	имову ишора	[imovu iʃora]
aanraken (ww)	даст задан	[dast zadan]
grijpen (ww)	гирифтан	[giriftan]
een schouderklopje geven	тап-тап задан	[tap-tap zadan]

Kijk uit!	Эҳтиёт шавед!	[ɛhtijɔt ʃaved]
Echt?	Наход?	[naχod]
Bent je er zeker van?	Ту дилпурӣ?	[tu dilpuri:]
Succes!	Барори кор!	[barori kor]
Juist, ja!	Фаҳмо!	[fahmo]
Wat jammer!	Афсӯс!	[afsœs]

65. Overeenstemming. Weigering

instemming (het)	розигӣ	[rozigi:]
instemmen (akkoord gaan)	розигӣ додан	[rozigi: dodan]
goedkeuring (de)	розигӣ	[rozigi:]

goedkeuren (ww)	розигӣ додан	[rozigi: dodan]
weigering (de)	рад	[rad]
weigeren (ww)	рад кардан	[rad kardan]
Geweldig!	Олӣ!	[oli:]
Goed!	Хуб!	[χub]
Akkoord!	Майлаш!	[majlaʃ]
verboden (bn)	мамнӯъ	[mamnœ']
het is verboden	мумкин нест	[mumkin nest]
het is onmogelijk	номумкин	[nomumkin]
onjuist (bn)	нодуруст	[nodurust]
afwijzen (ww)	рад кардан	[rad kardan]
steunen	тарафдорӣ кардан	[tarafdori: kardan]
(een goed doel, enz.)		
aanvaarden (excuses ~)	баргирифтан	[bargiriftan]
bevestigen (ww)	тасдиқ кардан	[tasdiq kardan]
bevestiging (de)	тасдиқ	[tasdiq]
toestemming (de)	иҷозат	[idʒozat]
toestaan (ww)	иҷозат додан	[idʒozat dodan]
beslissing (de)	қарор	[qaror]
z'n mond houden (ww)	хомӯш мондан	[χomœʃ mondan]
voorwaarde (de)	шарт	[ʃart]
smoes (de)	баҳона	[bahona]
lof (de)	таъриф	[ta'rif]
loven (ww)	таъриф кардан	[ta'rif kardan]

66. Succes. Veel geluk. Mislukking

succes (het)	муваффақият	[muvaffaqijat]
succesvol (bw)	бо муваффақият	[bo muvaffaqijat]
succesvol (bn)	бомуваффақият	[bomuvaffaqijat]
geluk (het)	барор	[baror]
Succes!	Барори кор!	[barori kor]
geluks- (bn)	бобарор	[bobaror]
gelukkig (fortuinlijk)	бахтбедор	[baχtbedor]
mislukking (de)	бемуваффақиятӣ	[bemuvaffaqijati:]
tegenslag (de)	нобарорӣ	[nobarori:]
pech (de)	нобарорӣ, нокомӣ	[nobarori:], [nokomi:]
zonder succes (bn)	бемуваффақият	[bemuvaffaqijat]
catastrofe (de)	шикаст	[ʃikast]
fierheid (de)	ифтихор	[iftiχor]
fier (bn)	боифтихор	[boiftiχor]
fier zijn (ww)	ифтихор доштан	[iftiχor doʃtan]
winnaar (de)	ғолиб	[ʁolib]
winnen (ww)	ғалаба кардан	[ʁalaba kardan]
verliezen (ww)	бохтан	[boχtan]

poging (de)	кӯшиш	[kœʃiʃ]
pogen, proberen (ww)	кӯшидан	[kœʃidan]
kans (de)	имконият	[imkonijat]

67. Ruzies. Negatieve emoties

schreeuw (de)	дод, фарёд	[dod], [farjɔd]
schreeuwen (ww)	дод задан	[dod zadan]
beginnen te schreeuwen	фарёд кардан	[farjɔd kardan]

ruzie (de)	ҷанҷол	[ʤanʤol]
ruzie hebben (ww)	ҷанҷол кардан	[ʤanʤol kardan]
schandaal (het)	ғавғо	[ʁavʁo]
schandaal maken (ww)	ғавғо бардоштан	[ʁavʁo bardoʃtan]
conflict (het)	ҷанҷол, низоъ	[ʤanʤol], [nizo']
misverstand (het)	нофаҳмӣ	[nofahmi:]

belediging (de)	таҳқир	[tahqir]
beledigen (met scheldwoorden)	таҳқир кардан	[tahqir kardan]
beledigd (bn)	ранҷида, озурда	[ranʤida], [ozurda]
krenking (de)	озор, озурдаги	[ozor], [ozurdagi]
krenken (beledigen)	озурда кардан	[ozurda kardan]
gekwetst worden (ww)	озурда шудан	[ozurda ʃudan]

verontwaardiging (de)	ғазаб	[ʁazab]
verontwaardigd zijn (ww)	ба ғазаб омадан	[ba ʁazab omadan]
klacht (de)	шикоят	[ʃikojat]
klagen (ww)	шикоят кардан	[ʃikojat kardan]

verontschuldiging (de)	узр, афв	[uzr], [afv]
zich verontschuldigen	узр пурсидан	[uzr pursidan]
excuus vragen	узр пурсидан	[uzr pursidan]

kritiek (de)	танқид	[tanqid]
bekritiseren (ww)	танқид кардан	[tanqid kardan]
beschuldiging (de)	айбдоркунӣ	[ajbdorkuni:]
beschuldigen (ww)	айбдор кардан	[ajbdor kardan]

wraak (de)	интиқом	[intiqom]
wreken (ww)	интиқом гирифтан	[intiqom giriftan]
wraak nemen (ww)	қасос гирифтан	[qasos giriftan]

minachting (de)	ҳақорат	[haqorat]
minachten (ww)	ҳақорат кардан	[haqorat kardan]
haat (de)	нафрат	[nafrat]
haten (ww)	нафрат кардан	[nafrat kardan]

zenuwachtig (bn)	асабонӣ	[asaboni:]
zenuwachtig zijn (ww)	асабони шудан	[asaboni ʃudan]
boos (bn)	бадқаҳр	[badqahr]
boos maken (ww)	ранҷондан	[ranʤondan]
vernedering (de)	таҳқиркунӣ	[tahqirkuni:]
vernederen (ww)	таҳқир кардан	[tahqir kardan]

zich vernederen (ww)	тахкир шудан	[tahqir ʃudan]
schok (de)	садама, садамот	[sadama], [sadamot]
schokken (ww)	хичил кардан	[χidʒil kardan]

| onaangenaamheid (de) | нохуши | [noχuʃi:] |
| onaangenaam (bn) | дилнокаш | [dilnokaʃ] |

vrees (de)	тарс	[tars]
vreselijk (bijv. ~ onweer)	сахт	[saχt]
eng (bn)	дахшатангез	[dahʃatangez]
gruwel (de)	дахшат	[dahʃat]
vreselijk (~ nieuws)	дахшатнок	[dahʃatnok]

beginnen te beven	ба ларзиш омадан	[ba larziʃ omadan]
huilen (wenen)	гиря кардан	[girja kardan]
beginnen te huilen (wenen)	гиря сар кардан	[girja sar kardan]
traan (de)	ашк	[aʃk]

schuld (~ geven aan)	гунох	[gunoh]
schuldgevoel (het)	айб	[ajb]
schande (de)	беобрӯй	[beobrœi:]
protest (het)	эътироз	[ɛ'tiroz]
stress (de)	стресс	[stress]

storen (lastigvallen)	ташвиш додан	[taʃviʃ dodan]
kwaad zijn (ww)	газабнок шудан	[ʁazabnok ʃudan]
kwaad (bn)	газаболуд	[ʁazabolud]
beëindigen (een relatie ~)	бас кардан	[bas kardan]
vloeken (ww)	дашном додан	[daʃnom dodan]

schrikken (schrik krijgen)	тарс хӯрдан	[tars χœrdan]
slaan (iemand ~)	задан	[zadan]
vechten (ww)	занозани кардан	[zanozani: kardan]

regelen (conflict)	ба рох мондан	[ba roh mondan]
ontevreden (bn)	норози	[norozi:]
woedend (bn)	пурхашм	[purχaʃm]

| Dat is niet goed! | Ин хуб не! | [in χub ne] |
| Dat is slecht! | Ин бад! | [in bad] |

Geneeskunde

68. Ziekten

ziekte (de)	касалй, беморй	[kasali:], [bemori:]
ziek zijn (ww)	бемор будан	[bemor budan]
gezondheid (de)	тандурустй, саломатй	[tandurusti:], [salomati:]
snotneus (de)	зуком	[zukom]
angina (de)	дарди гулӯ	[dardi gulœ]
verkoudheid (de)	шамол хӯрдани	[ʃamol χœrdani]
verkouden raken (ww)	шамол хӯрдан	[ʃamol χœrdan]
bronchitis (de)	бронхит	[bronχit]
longontsteking (de)	варами шуш	[varami ʃuʃ]
griep (de)	грипп	[gripp]
bijziend (bn)	наздикбин	[nazdikbin]
verziend (bn)	дурбин	[durbin]
scheelheid (de)	олусй	[olusi:]
scheel (bn)	олус	[olus]
grauwe staar (de)	катаракта	[katarakta]
glaucoom (het)	глаукома	[glaukoma]
beroerte (de)	сактаи майна	[saktai majna]
hartinfarct (het)	инфаркт, сактаи дил	[infarkt], [saktai dil]
myocardiaal infarct (het)	инфаркти миокард	[infarkti miokard]
verlamming (de)	фалаҷ	[faladʒ]
verlammen (ww)	фалаҷ шудан	[faladʒ ʃudan]
allergie (de)	аллергия	[allergija]
astma (de/het)	астма, зиҝҝи нафас	[astma], [ziqqi nafas]
diabetes (de)	диабет	[diabet]
tandpijn (de)	дарди дандон	[dardi dandon]
tandbederf (het)	кариес	[karies]
diarree (de)	шикамрав	[ʃikamrav]
constipatie (de)	қабзият	[qabzijat]
maagstoornis (de)	вайроншавии меъда	[vajronʃavi:i me'da]
voedselvergiftiging (de)	захролудшавӣ	[zahroludʃavi:]
voedselvergiftiging oplopen	захролуд шудан	[zahrolud ʃudan]
artritis (de)	артрит	[artrit]
rachitis (de)	рахит, чиллаашӯр	[raχit], [tʃillaaʃœr]
reuma (het)	тарбод	[tarbod]
arteriosclerose (de)	атеросклероз	[ateroskleroz]
gastritis (de)	гастрит	[gastrit]
blindedarmontsteking (de)	варами кӯррӯда	[varami kœrrœda]

| galblaasontsteking (de) | холетсистит | [χoletsistit] |
| zweer (de) | захм | [zaχm] |

mazelen (mv.)	сурхча, сурхак	[surχtʃa], [surχak]
rodehond (de)	сурхакон	[surχakon]
geelzucht (de)	зардча, заъфарма	[zardtʃa], [za'farma]
leverontsteking (de)	гепатит, кубод	[gepatit], [qubod]

schizofrenie (de)	маҷзубият	[madʒzubijat]
dolheid (de)	ҳорӣ	[hori:]
neurose (de)	невроз, чунун	[nevroz], [tʃunun]
hersenschudding (de)	зарб хӯрдани майна	[zarb χœrdani majna]

kanker (de)	саратон	[saraton]
sclerose (de)	склероз	[skleroz]
multiple sclerose (de)	склерози густаришёфта	[sklerozi gustariʃʃofta]

alcoholisme (het)	майзадагӣ	[majzadagi:]
alcoholicus (de)	майзада	[majzada]
syfilis (de)	оташак	[otaʃak]
AIDS (de)	СПИД	[spid]

tumor (de)	варам	[varam]
kwaadaardig (bn)	ганда	[ganda]
goedaardig (bn)	безарар	[bezarar]

koorts (de)	табларза, варача	[tablarza], [varadʒa]
malaria (de)	варача	[varadʒa]
gangreen (het)	гангрена	[gangrena]
zeeziekte (de)	касалии баҳр	[kasali:i bahr]
epilepsie (de)	саръ	[sar']

epidemie (de)	эпидемия	[ɛpidemija]
tyfus (de)	арақа, домана	[araqa], [domana]
tuberculose (de)	сил	[sil]
cholera (de)	вабо	[vabo]
pest (de)	тоун	[toun]

69. Symptomen. Behandelingen. Deel 1

symptoom (het)	аломат	[alomat]
temperatuur (de)	ҳарорат, таб	[harorat], [tab]
verhoogde temperatuur (de)	ҳарорати баланд	[harorati baland]
polsslag (de)	набз	[nabz]

duizeling (de)	саргардӣ	[sargardi:]
heet (erg warm)	гарм	[garm]
koude rillingen (mv.)	ларза, варача	[larza], [varadʒa]
bleek (bn)	рангпарида	[rangparida]

hoest (de)	сулфа	[sulfa]
hoesten (ww)	сулфидан	[sulfidan]
niezen (ww)	атса задан	[atsa zadan]
flauwte (de)	беҳушӣ	[behuʃi:]

flauwvallen (ww)	беҳуш шудан	[behuʃ ʃudan]
blauwe plek (de)	доғи кабуд, кабудӣ	[doʁi kabud], [kabudi:]
buil (de)	ғуррӣ	[ʁurri:]
zich stoten (ww)	зада шудан	[zada ʃudan]
kneuzing (de)	лат	[lat]
kneuzen (gekneusd zijn)	лату кӯб хӯрдан	[latu kœb χœrdan]

hinken (ww)	лангидан	[langidan]
verstuiking (de)	баромадан	[baromadan]
verstuiken (enkel, enz.)	баровардан	[barovardan]
breuk (de)	шикасти устухон	[ʃikasti ustuχon]
een breuk oplopen	устухон шикастан	[ustuχon ʃikastan]

snijwond (de)	буриш	[buriʃ]
zich snijden (ww)	буридан	[buridan]
bloeding (de)	хунравӣ	[χunravi:]

| brandwond (de) | сӯхта | [sœχta] |
| zich branden (ww) | сӯзондан | [sœzondan] |

prikken (ww)	халондан	[χalondan]
zich prikken (ww)	халидан	[χalidan]
blesseren (ww)	осеб дидан	[oseb didan]
blessure (letsel)	захм	[zaχm]
wond (de)	захм, реш	[zaχm], [reʃ]
trauma (het)	захм	[zaχm]

IJlen (ww)	алой гуфтан	[aloi: guftan]
stotteren (ww)	тутила шудан	[tutila ʃudan]
zonnesteek (de)	офтобзанӣ	[oftobzani:]

70. Symptomen. Behandelingen. Deel 2

| pijn (de) | дард | [dard] |
| splinter (de) | хор, зиреба | [χor], [zireba] |

zweet (het)	арақ	[araq]
zweten (ww)	арақ кардан	[araq kardan]
braking (de)	қайкунӣ	[qajkuni:]
stuiptrekkingen (mv.)	рагкашӣ	[ragkaʃi:]

zwanger (bn)	ҳомила	[homila]
geboren worden (ww)	таваллуд шудан	[tavallud ʃudan]
geboorte (de)	зоиш	[zoiʃ]
baren (ww)	зоидан	[zoidan]
abortus (de)	аборт, бачапартой	[abort], [batʃapartoi:]

inademing (de)	нафасгирӣ	[nafasgiri:]
uitademing (de)	нафасбарорӣ	[nafasbarori:]
uitademen (ww)	нафас баровардаи	[nafas barovardai]
inademen (ww)	нафас кашидан	[nafas kaʃidan]

| invalide (de) | инвалид | [invalid] |
| gehandicapte (de) | маъюб | [ma'jub] |

drugsverslaafde (de)	нашъаманд	[naʃʼamand]
doof (bn)	кар, гӯшкар	[kar], [gœʃkar]
stom (bn)	гунг	[gung]
doofstom (bn)	кару гунг	[karu gung]

krankzinnig (bn)	девона	[devona]
krankzinnige (man)	девона	[devona]
krankzinnige (vrouw)	девона	[devona]
krankzinnig worden	аз ақл бегона шудан	[az aql begona ʃudan]

gen (het)	ген	[gen]
immuniteit (de)	сироятнопазирӣ	[sirojatnopaziri:]
erfelijk (bn)	меросӣ, ирсӣ	[merosi:], [irsi:]
aangeboren (bn)	модарзод	[modarzod]

virus (het)	вирус	[virus]
microbe (de)	микроб	[mikrob]
bacterie (de)	бактерия	[bakterija]
infectie (de)	сироят	[sirojat]

71. Symptomen. Behandelingen. Deel 3

ziekenhuis (het)	касалхона	[kasalχona]
patiënt (de)	бемор	[bemor]

diagnose (de)	ташхиси касалӣ	[taʃχisi kasali:]
genezing (de)	муолича	[muolidʒa]
medische behandeling (de)	табобат	[tabobat]
onder behandeling zijn	табобат гирифтан	[tabobat giriftan]
behandelen (ww)	табобат кардан	[tabobat kardan]
zorgen (zieken ~)	нигоҳубин кардан	[nigohubin kardan]
ziekenzorg (de)	нигоҳубин	[nigohubin]

operatie (de)	ҷарроҳи	[dʒarrohi]
verbinden (een arm ~)	бо бандина бастан	[bo bandina bastan]
verband (het)	ҷароҳатбандӣ	[dʒarohatbandi:]

vaccin (het)	доругузаронӣ	[doruguzaroni:]
inenten (vaccineren)	эмгузаронӣ кардан	[ɛmguzaroni: kardan]
injectie (de)	сӯзанзанӣ	[sœzanzani:]
een injectie geven	сӯзандору кардан	[sœzandoru kardan]

aanval (de)	хуруҷ	[χurudʒ]
amputatie (de)	ампутатсия	[amputatsija]
amputeren (ww)	ампутатсия кардан	[amputatsija kardan]
coma (het)	кома, игмо	[koma], [igmo]
in coma liggen	дар кома будан	[dar koma budan]
intensieve zorg, ICU (de)	шӯъбаи эҳё	[ʃœʼbai ɛhjɔ]

zich herstellen (ww)	сиҳат шудан	[sihat ʃudan]
toestand (de)	аҳвол	[ahvol]
bewustzijn (het)	ҳуш	[huʃ]
geheugen (het)	ҳофиза	[hofiza]
trekken (een kies ~)	кандан	[kandan]

| vulling (de) | пломба | [plomba] |
| vullen (ww) | пломба занондан | [plomba zanondan] |

| hypnose (de) | гипноз | [gipnoz] |
| hypnotiseren (ww) | гипноз кардан | [gipnoz kardan] |

72. Artsen

dokter, arts (de)	духтур	[duχtur]
ziekenzuster (de)	ҳамшираи тиббӣ	[hamʃirai tibbi:]
lijfarts (de)	духтури шахсӣ	[duχturi ʃaχsi:]

tandarts (de)	духтури дандон	[duχturi dandon]
oogarts (de)	духтури чашм	[duχturi tʃaʃm]
therapeut (de)	терапевт	[terapevt]
chirurg (de)	ҷаррох	[dʒarroh]

psychiater (de)	равонпизишк	[ravonpiziʃk]
pediater (de)	духтури касалиҳои кудакона	[duχturi kasalihoi kœdakona]
psycholoog (de)	равоншинос	[ravonʃinos]
gynaecoloog (de)	гинеколог	[ginekolog]
cardioloog (de)	кардиолог	[kardiolog]

73. Geneeskunde. Medicijnen. Accessoires

geneesmiddel (het)	дору	[doru]
middel (het)	дору	[doru]
voorschrijven (ww)	таъйин кардан	[ta'jin kardan]
recept (het)	нусхаи даво	[nusχai davo]

tablet (de/het)	ҳаб	[hab]
zalf (de)	марҳам	[marham]
ampul (de)	ампул	[ampul]
drank (de)	доруи обакӣ	[dorui obaki:]
siroop (de)	сироп	[sirop]
pil (de)	ҳаб	[hab]
poeder (de/het)	хока	[χoka]

verband (het)	дока	[doka]
watten (mv.)	пахта	[paχta]
jodium (het)	йод	[jɔd]

pleister (de)	лейкопластир	[lejkoplastir]
pipet (de)	қатрачакон	[qatratʃakon]
thermometer (de)	ҳароратсанҷ	[haroratsandʒ]
spuit (de)	обдуздак	[obduzdak]

rolstoel (de)	аробачаи маъюбӣ	[arobatʃai ma'jubi:]
krukken (mv.)	бағаласо	[baʁalaso]
pijnstiller (de)	доруи дард	[dorui dard]
laxeermiddel (het)	мусҳил	[mushil]

spiritus (de)	спирт	[spirt]
medicinale kruiden (mv.)	растаниҳои доругӣ	[rastanihoi dorugi:]
kruiden- (abn)	... и алаф	[i alaf]

74. Roken. Tabaksproducten

tabak (de)	тамоку	[tamoku]
sigaret (de)	сигарета	[sigareta]
sigaar (de)	сигара	[sigara]
pijp (de)	чилим, чубук	[tʃilim], [tʃubuk]
pakje (~ sigaretten)	қуттӣ	[qutti:]

lucifers (mv.)	гӯгирд	[gœgird]
luciferdoosje (het)	қуттии гӯгирд	[qutti:i gœgird]
aansteker (de)	оташафрӯзак	[otaʃafrœzak]
asbak (de)	хокистардон	[χokistardon]
sigarettendoosje (het)	папиросдон	[papirosdon]

| sigarettenpijpje (het) | найча | [najtʃa] |
| filter (de/het) | филтр | [filtr] |

roken (ww)	сигоркашидан	[sigorkaʃidan]
een sigaret opsteken	даргирондан	[dargirondan]
roken (het)	сигоркашӣ	[sigorkaʃi:]
roker (de)	сигоркаш	[sigorkaʃ]

| peuk (de) | пасмондаи сигор | [pasmondai sigor] |
| as (de) | хокистар | [χokistar] |

HET MENSELIJKE LEEFGEBIED

Stad

75. Stad. Het leven in de stad

stad (de)	шаҳр	[ʃahr]
hoofdstad (de)	пойтахт	[pojtaχt]
dorp (het)	деҳа, деҳ	[deha], [deh]
plattegrond (de)	нақшаи шаҳр	[naqʃai ʃahr]
centrum (ov. een stad)	маркази шаҳр	[markazi ʃahr]
voorstad (de)	шаҳрча	[ʃahrtʃa]
voorstads- (abn)	наздишаҳрӣ	[nazdiʃahri:]
randgemeente (de)	атроф, канор	[atrof], [kanor]
omgeving (de)	атрофи шаҳр	[atrofi ʃahr]
blok (huizenblok)	квартал, маҳалла	[kvartal], [mahalla]
woonwijk (de)	маҳаллаи истиқоматӣ	[mahallai istiqomati:]
verkeer (het)	ҳаракат дар кӯча	[harakat dar kœtʃa]
verkeerslicht (het)	чароғи раҳнамо	[tʃaroʁi rahnamo]
openbaar vervoer (het)	нақлиёти шаҳрӣ	[naqlijoti ʃahri:]
kruispunt (het)	чорраҳа	[tʃorraha]
zebrapad (oversteekplaats)	гузаргоҳи пиёдагардон	[guzargohi pijodagardon]
onderdoorgang (de)	гузаргоҳи зеризаминӣ	[guzargohi zerizamini:]
oversteken (de straat ~)	гузаштан	[guzaʃtan]
voetganger (de)	пиёдагард	[pijodagard]
trottoir (het)	пиёдараҳа	[pijodaraha]
brug (de)	пул, кӯпрук	[pul], [kœpruk]
dijk (de)	соҳил	[sohil]
fontein (de)	фаввора	[favvora]
allee (de)	кӯчабоғ	[kœtʃaboʁ]
park (het)	боғ	[boʁ]
boulevard (de)	кӯчабоғ, гулгашт	[kœtʃaboʁ], [gulgaʃt]
plein (het)	майдон	[majdon]
laan (de)	хиёбон	[χijobon]
straat (de)	кӯча	[kœtʃa]
zijstraat (de)	тангкӯча	[tangkœtʃa]
doodlopende straat (de)	кӯчаи бумбаста	[kœtʃai bumbasta]
huis (het)	хона	[χona]
gebouw (het)	бино	[bino]
wolkenkrabber (de)	иморати осмонхарош	[imorati osmonχaroʃ]
gevel (de)	намо	[namo]
dak (het)	бом	[bom]

venster (het)	тиреза	[tireza]
boog (de)	равоқ, тоқ	[ravoq], [toq]
pilaar (de)	сутун	[sutun]
hoek (ov. een gebouw)	бурчак	[burtʃak]

vitrine (de)	витрина	[vitrina]
gevelreclame (de)	лавҳа	[lavha]
affiche (de/het)	эълоннома	[ɛ'lonnoma]
reclameposter (de)	плакати реклама	[plakati reklama]
aanplakbord (het)	лавҳаи эълонхо	[lavhai ɛ'lonho]

vuilnis (de/het)	ахлот, хокрӯба	[aχlot], [χokrœba]
vuilnisbak (de)	ахлотқуттӣ	[aχlotqutti:]
afval weggooien (ww)	ифлос кардан	[iflos kardan]
stortplaats (de)	партовгоҳ	[partovgoh]

telefooncel (de)	будкаи телефон	[budkai telefon]
straatlicht (het)	сутуни фонус	[sutuni fonus]
bank (de)	нимкат	[nimkat]

politieagent (de)	полис	[polis]
politie (de)	полис	[polis]
zwerver (de)	гадо	[gado]
dakloze (de)	бехона	[beχona]

76. Stedelijke instellingen

winkel (de)	магазин	[magazin]
apotheek (de)	дорухона	[doruχona]
optiek (de)	оптика	[optika]
winkelcentrum (het)	маркази савдо	[markazi savdo]
supermarkt (de)	супермаркет	[supermarket]

bakkerij (de)	дӯкони нонфурӯшӣ	[dœkoni nonfurœʃi:]
bakker (de)	нонвой	[nonvoj]
banketbakkerij (de)	қаннодӣ	[qannodi:]
kruidenier (de)	дӯкони баққолӣ	[dœkoni baqqoli:]
slagerij (de)	дӯкони гӯштфурӯшӣ	[dœkoni gœʃtfurœʃi:]

| groentewinkel (de) | дӯкони сабзавот | [dœkoni sabzavot] |
| markt (de) | бозор | [bozor] |

koffiehuis (het)	қаҳвахона	[qahvaχona]
restaurant (het)	тарабхона	[tarabχona]
bar (de)	пивохона	[pivoχona]
pizzeria (de)	питсерия	[pitserija]

kapperssalon (de/het)	сартарошхона	[sartaroʃχona]
postkantoor (het)	пӯшта	[pœʃta]
stomerij (de)	козургарии химиявй	[kozurgari:i χimijavi:]

| fotostudio (de) | суратгирхона | [suratgirχona] |
| schoenwinkel (de) | магазини пойафзолфурӯшӣ | [magazini pojafzolfurœʃi:] |

| boekhandel (de) | мағозаи китоб | [maʁozai kitob] |
| sportwinkel (de) | мағозаи варзишй | [maʁozai varziʃi:] |

kledingreparatie (de)	таъмири либос	[ta'miri libos]
kledingverhuur (de)	кирояи либос	[kirojai libos]
videotheek (de)	кирояи филмхо	[kirojai filmho]

circus (de/het)	сирк	[sirk]
dierentuin (de)	боғи ҳайвонот	[boʁi hajvonot]
bioscoop (de)	кинотеатр	[kinoteatr]
museum (het)	осорхона	[osorχona]
bibliotheek (de)	китобхона	[kitobχona]

theater (het)	театр	[teatr]
opera (de)	опера	[opera]
nachtclub (de)	клуби шабона	[klubi ʃabona]
casino (het)	казино	[kazino]

moskee (de)	масҷид	[masdʒid]
synagoge (de)	каниса	[kanisa]
kathedraal (de)	собор	[sobor]
tempel (de)	ибодатгоҳ	[ibodatgoh]
kerk (de)	калисо	[kaliso]

instituut (het)	институт	[institut]
universiteit (de)	университет	[universitet]
school (de)	мактаб	[maktab]

gemeentehuis (het)	префектура	[prefektura]
stadhuis (het)	мэрия	[mɛrija]
hotel (het)	меҳмонхона	[mehmonχona]
bank (de)	банк	[bank]

ambassade (de)	сафорат	[saforat]
reisbureau (het)	турагенство	[turagenstvo]
informatieloket (het)	бюрои справкадиҳӣ	[bjuroi spravkadihi:]
wisselkantoor (het)	нуқтаи мубодила	[nuqtai mubodila]

| metro (de) | метро | [metro] |
| ziekenhuis (het) | касалхона | [kasalχona] |

| benzinestation (het) | нуқтаи фурӯши сӯзишворӣ | [nuqtai furœʃi sœziʃvori:] |

| parking (de) | истгоҳи мошинҳо | [istgohi moʃinho] |

77. Stedelijk vervoer

bus, autobus (de)	автобус	[avtobus]
tram (de)	трамвай	[tramvaj]
trolleybus (de)	троллейбус	[trollejbus]
route (de)	маршрут	[marʃrut]
nummer (busnummer, enz.)	рақам	[raqam]
rijden met …	савор будан	[savor budan]
stappen (in de bus ~)	савор шудан	[savor ʃudan]

afstappen (ww)	фуромадан	[furomadan]
halte (de)	истгоҳ	[istgoh]
volgende halte (de)	истгоҳи дигар	[istgohi digar]
eindpunt (het)	истгоҳи охирон	[istgohi oҳiron]
dienstregeling (de)	чадвал	[dʒadval]
wachten (ww)	поидан	[poidan]

| kaartje (het) | билет | [bilet] |
| reiskosten (de) | арзиши чипта | [arziʃi tʃipta] |

kassier (de)	кассир	[kassir]
kaartcontrole (de)	назорат	[nazorat]
controleur (de)	нозир	[nozir]

te laat zijn (ww)	дер мондан	[der mondan]
missen (de bus ~)	дер мондан	[der mondan]
zich haasten (ww)	шитоб кардан	[ʃitob kardan]

taxi (de)	такси	[taksi]
taxichauffeur (de)	таксичй	[taksitʃi:]
met de taxi (bw)	дар такси	[dar taksi]
taxistandplaats (de)	истгоҳи таксӣ	[istgohi taksi:]
een taxi bestellen	даъват кардани таксӣ	[da'vat kardani taksi:]
een taxi nemen	такси гирифтан	[taksi giriftan]

verkeer (het)	ҳаракат дар кӯча	[harakat dar kœtʃa]
file (de)	пробка	[probka]
spitsuur (het)	час пик	[tʃas pik]
parkeren (on.ww.)	чой кардан	[dʒoj kardan]
parkeren (ov.ww.)	чой кардан	[dʒoj kardan]
parking (de)	истгоҳ	[istgoh]

metro (de)	метро	[metro]
halte (bijv. kleine treinhalte)	истгоҳ	[istgoh]
de metro nemen	бо метро рафтан	[bo metro raftan]
trein (de)	поезд, қатор	[poezd], [qator]
station (treinstation)	вокзал	[vokzal]

78. Bezienswaardigheden

monument (het)	ҳайкал	[hajkal]
vesting (de)	ҳисор	[hisor]
paleis (het)	қаср	[qasr]
kasteel (het)	кӯшк	[kœʃk]
toren (de)	манора, бурч	[manora], [burdʒ]
mausoleum (het)	мавзолей, мақбара	[mavzolej], [maqbara]

architectuur (de)	меъморӣ	[me'mori:]
middeleeuws (bn)	асримиёнагӣ	[asrimijɔnagi:]
oud (bn)	қадим	[qadim]
nationaal (bn)	миллӣ	[milli:]
bekend (bn)	маъруф	[ma'ruf]
toerist (de)	саёҳатчӣ	[sajɔhattʃi:]
gids (de)	роҳбалад	[rohbalad]

rondleiding (de)	экскурсия	[ɛkskursija]
tonen (ww)	нишон додан	[niʃon dodan]
vertellen (ww)	нақл кардан	[naql kardan]

vinden (ww)	ёфтан	[jɔftan]
verdwalen (de weg kwijt zijn)	роҳ гум кардан	[roh gum kardan]
plattegrond (~ van de metro)	нақша	[nakʃa]
plattegrond (~ van de stad)	нақша	[naqʃa]

souvenir (het)	тӯхфа	[tœhfa]
souvenirwinkel (de)	мағозаи тухфаҳо	[maʁozai tuhfaho]
een foto maken (ww)	сурат гирифтан	[surat giriftan]
zich laten fotograferen	сурати худро гирондан	[surati χudro girondan]

79. Winkelen

kopen (ww)	харидан	[χaridan]
aankoop (de)	харид	[χarid]
winkelen (ww)	харид кардан	[χarid kardan]
winkelen (het)	шопинг	[ʃoping]

| open zijn (ov. een winkel, enz.) | кушода будан | [kuʃoda budan] |
| gesloten zijn (ww) | маҳкам будан | [mahkam budan] |

schoeisel (het)	пойафзол	[pojafzol]
kleren (mv.)	либос	[libos]
cosmetica (de)	косметика	[kosmetika]
voedingswaren (mv.)	озуқаворӣ	[ozuqavori:]
geschenk (het)	тӯхфа	[tœhfa]

| verkoper (de) | фурӯш | [furœʃ] |
| verkoopster (de) | фурӯш | [furœʃ] |

kassa (de)	касса	[kassa]
spiegel (de)	оина	[oina]
toonbank (de)	пешдӯкон	[peʃdœkon]
paskamer (de)	ҷои пӯшида дидани либос	[dʒoi pœʃida didani libos]

aanpassen (ww)	пӯшида дидан	[pœʃida didan]
passen (ov. kleren)	мувофиқ омадан	[muvofiq omadan]
bevallen (prettig vinden)	форидан	[foridan]

prijs (de)	нарх	[narχ]
prijskaartje (het)	нархнома	[narχnoma]
kosten (ww)	арзидан	[arzidan]
Hoeveel?	Чанд пул?	[tʃand pul]
korting (de)	тахфиф	[taχfif]

niet duur (bn)	арзон	[arzon]
goedkoop (bn)	арзон	[arzon]
duur (bn)	қимат	[qimat]
Dat is duur.	Ин қимат аст	[in qimat ast]
verhuur (de)	кироя	[kiroja]

huren (smoking, enz.)	насия гирифтан	[nasija giriftan]
krediet (het)	қарз	[qarz]
op krediet (bw)	кредит гирифтан	[kredit giriftan]

80. Geld

geld (het)	пул	[pul]
ruil (de)	мубодила, иваз	[mubodila], [ivaz]
koers (de)	қурб	[qurb]
geldautomaat (de)	банкомат	[bankomat]
muntstuk (de)	танга	[tanga]

dollar (de)	доллар	[dollar]
lire (de)	лираи италиявӣ	[lirai italijavi:]
Duitse mark (de)	маркаи олмонӣ	[markai olmoni:]
frank (de)	франк	[frank]
pond sterling (het)	фунт стерлинг	[funt sterling]
yen (de)	иена	[iena]

schuld (geldbedrag)	қарз	[qarz]
schuldenaar (de)	қарздор	[qarzdor]
uitlenen (ww)	қарз додан	[qarz dodan]
lenen (geld ~)	қарз гирифтан	[qarz giriftan]

bank (de)	банк	[bank]
bankrekening (de)	ҳисоб	[hisob]
storten (ww)	гузарондан	[guzarondan]
op rekening storten	ба суратҳисоб гузарондан	[ba surathisob guzarondan]
opnemen (ww)	аз суратҳисоб гирифтан	[az surathisob giriftan]

kredietkaart (de)	корти кредитӣ	[korti krediti:]
baar geld (het)	пули нақд, нақдина	[puli naqd], [naqdina]
cheque (de)	чек	[ʧek]
een cheque uitschrijven	чек навиштан	[ʧek naviʃtan]
chequeboekje (het)	дафтарчаи чек	[daftarʧai ʧek]

portefeuille (de)	ҳамён	[hamjɔn]
geldbeugel (de)	ҳамён	[hamjɔn]
safe (de)	сейф	[sejf]

erfgenaam (de)	меросхӯр	[merosχœr]
erfenis (de)	мерос	[meros]
fortuin (het)	дорой	[doroi:]

huur (de)	иҷора	[idʒora]
huurprijs (de)	ҳаққи манзил	[haqqi manzil]
huren (huis, kamer)	ба иҷора гирифтан	[ba idʒora giriftan]

prijs (de)	нарх	[narχ]
kostprijs (de)	арзиш	[arziʃ]
som (de)	маблағ	[mablaʁ]

| uitgeven (geld besteden) | сарф кардан | [sarf kardan] |
| kosten (mv.) | харҷ, ҳазина | [χardʒ], [hazina] |

| bezuinigen (ww) | сарфа кардан | [sarfa kardan] |
| zuinig (bn) | сарфакор | [sarfakor] |

betalen (ww)	пул додан	[pul dodan]
betaling (de)	пардохт	[pardoχt]
wisselgeld (het)	бақияи пул	[baqijai pul]

belasting (de)	налог, андоз	[nalog], [andoz]
boete (de)	ҷарима	[dʒarima]
beboeten (bekeuren)	ҷарима андохтан	[dʒarima andoχtan]

81. Post. Postkantoor

postkantoor (het)	почта	[potʃta]
post (de)	почта	[potʃta]
postbode (de)	хаткашон	[χatkaʃon]
openingsuren (mv.)	соати корӣ	[soati kori:]

brief (de)	мактуб	[maktub]
aangetekende brief (de)	хати супоришӣ	[χati suporiʃi:]
briefkaart (de)	руқъа	[ruq'a]
telegram (het)	барқия	[barqija]
postpakket (het)	равонак	[ravonak]
overschrijving (de)	пули фиристодашуда	[puli firistodaʃuda]

ontvangen (ww)	гирифтан	[giriftan]
sturen (zenden)	ирсол кардан	[irsol kardan]
verzending (de)	ирсол	[irsol]

adres (het)	адрес, унвон	[adres], [unvon]
postcode (de)	индекси почта	[indeksi potʃta]
verzender (de)	ирсолкунанда	[irsolkunanda]
ontvanger (de)	гиранда	[giranda]

| naam (de) | ном | [nom] |
| achternaam (de) | фамилия | [familija] |

tarief (het)	таърифа	[ta'rifa]
standaard (bn)	муқаррарӣ	[muqarrari:]
zuinig (bn)	камхарҷ	[kamχardʒ]

gewicht (het)	вазн	[vazn]
afwegen (op de weegschaal)	баркашидан	[barkaʃidan]
envelop (de)	конверт	[konvert]
postzegel (de)	марка	[marka]
een postzegel plakken op	марка часпонидан	[marka tʃasponidan]

Woning. Huis. Thuis

82. Huis. Woning

huis (het)	хона	[χona]
thuis (bw)	дар хона	[dar χona]
cour (de)	ҳавлӣ	[havli:]
omheining (de)	панҷара	[panʤara]
baksteen (de)	хишт	[χiʃt]
van bakstenen	хиштӣ, … и хишт	[χiʃti:], [i χiʃt]
steen (de)	санг	[sang]
stenen (bn)	сангин	[sangin]
beton (het)	бетон	[beton]
van beton	бетонӣ	[betoni:]
nieuw (bn)	нав	[nav]
oud (bn)	кӯҳна	[kœhna]
vervallen (bn)	фарсуда	[farsuda]
modern (bn)	ҳамаср, муосир	[hamasr], [muosir]
met veel verdiepingen	серошёна	[seroʃɔna]
hoog (bn)	баланд	[baland]
verdieping (de)	қабат, ошёна	[qabat], [oʃɔna]
met een verdieping	якошёна	[jakoʃɔna]
laagste verdieping (de)	ошёнаи поён	[oʃɔnai pojɔn]
bovenverdieping (de)	ошёнаи боло	[oʃɔnai bolo]
dak (het)	бом	[bom]
schoorsteen (de)	мӯрии дудкаш	[mœri:i dudkaʃ]
dakpan (de)	сафоли бомпӯшӣ	[safoli bompœʃi:]
pannen- (abn)	… и сафоли бомпӯшӣ	[i safoli bompœʃi:]
zolder (de)	чердак	[tʃerdak]
venster (het)	тиреза	[tireza]
glas (het)	шиша, оина	[ʃiʃa], [oina]
vensterbank (de)	зертахтаи тиреза	[zertaχtai tireza]
luiken (mv.)	дари пушти тиреза	[dari puʃti tireza]
muur (de)	девор	[devor]
balkon (het)	балкон	[balkon]
regenpijp (de)	тарнов, новадон	[tarnov], [novadon]
boven (bw)	дар боло	[dar bolo]
naar boven gaan (ww)	баромадан	[baromadan]
afdalen (on.ww.)	фуромадан	[furomadan]
verhuizen (ww)	кӯчидан	[kœtʃidan]

83. Huis. Ingang. Lift

ingang (de)	даромадгоҳ	[daromadgoh]
trap (de)	зина, зинапоя	[zina], [zinapoja]
treden (mv.)	зинаҳо	[zinaho]
trapleuning (de)	панҷара	[pandʒara]
hal (de)	толор	[tolor]
postbus (de)	қуттии почта	[qutti:i potʃta]
vuilnisbak (de)	қуттии партов	[qutti:i partov]
vuilniskoker (de)	қубури ахлот	[quburi aχlot]
lift (de)	лифт	[lift]
goederenlift (de)	лифти боркаш	[lifti borkaʃ]
liftcabine (de)	лифт	[lift]
de lift nemen	ба лифт рафтан	[ba lift raftan]
appartement (het)	манзил	[manzil]
bewoners (mv.)	истиқоматкунандагон	[istiqomatkunandagon]
buurman (de)	ҳамсоя	[hamsoja]
buurvrouw (de)	ҳамсоязан	[hamsojazan]
buren (mv.)	ҳамсояҳо	[hamsojaho]

84. Huis. Deuren. Sloten

deur (de)	дар	[dar]
toegangspoort (de)	дарвоза	[darvoza]
deurkruk (de)	дастак	[dastak]
ontsluiten (ontgrendelen)	кушодан	[kuʃodan]
openen (ww)	кушодан	[kuʃodan]
sluiten (ww)	пӯшидан, бастан	[pœʃidan], [bastan]
sleutel (de)	калид	[kalid]
sleutelbos (de)	даста	[dasta]
knarsen (bijv. scharnier)	ғичиррос задан	[ʁidʒirros zadan]
knarsgeluid (het)	ғичиррос	[ʁidʒirros]
scharnier (het)	ошиқ-маъшуқ	[oʃiq-ma'ʃuq]
deurmat (de)	пойандоз	[pojandoz]
slot (het)	қулф	[qulf]
sleutelgat (het)	сӯрохи қулф	[sœroχi qulf]
grendel (de)	ликаки дар	[likaki dar]
schuif (de)	ғалақаи дар	[ʁalaqai dar]
hangslot (het)	қулфи овезон	[qulfi ovezon]
aanbellen (ww)	занг задан	[zang zadan]
bel (geluid)	занг	[zang]
deurbel (de)	занг	[zang]
belknop (de)	кнопка	[knopka]
geklop (het)	тақ-тақ	[taq-taq]
kloppen (ww)	тақ-тақ кардан	[taq-taq kardan]

code (de)	рамз, код	[ramz], [kod]
cijferslot (het)	кулфи коддор	[qulfi koddor]
parlofoon (de)	домофон	[domofon]
nummer (het)	рақам	[raqam]
naambordje (het)	чадвалча	[dʒadvalʧa]
deurspion (de)	чашмаки дар	[ʧaʃmaki dar]

85. Huis op het platteland

dorp (het)	деҳа, деҳ	[deha], [deh]
moestuin (de)	обчакорй	[obʧakori:]
hek (het)	девор	[devor]
houten hekwerk (het)	панчара, деворча	[pandʒara], [devorʧa]
tuinpoortje (het)	дарича	[dariʧa]

graanschuur (de)	анбор	[anbor]
wortelkelder (de)	таҳхона	[tahχona]
schuur (de)	анбор	[anbor]
waterput (de)	чоҳ	[ʧoh]

kachel (de)	оташдон	[otaʃdon]
de kachel stoken	ба печка алав мондан	[ba peʧka alav mondan]
brandhout (het)	ҳезум	[hezum]
houtblok (het)	тароша	[taroʃa]

veranda (de)	айвон, пешайвон	[ajvon], [peʃajvon]
terras (het)	пешайвон	[peʃajvon]
bordes (het)	айвон	[ajvon]
schommel (de)	арғунчак	[arʁunʧak]

86. Kasteel. Paleis

kasteel (het)	кӯшк	[kœʃk]
paleis (het)	қаср	[qasr]
vesting (de)	ҳисор	[hisor]

ringmuur (de)	девор	[devor]
toren (de)	манора, бурч	[manora], [burdʒ]
donjon (de)	бурчи асосй	[burdʒi asosi:]

valhek (het)	панчараи болошаванда	[pandʒarai boloʃavanda]
onderaardse gang (de)	роҳи зеризаминй	[rohi zerizamini:]
slotgracht (de)	хандақ	[χandaq]

| ketting (de) | занчир | [zandʒir] |
| schietgat (het) | почанг | [potʃang] |

| prachtig (bn) | бошукӯҳ, боҳашамат | [boʃukœh], [bohaʃamat] |
| majestueus (bn) | боазамат, чалил | [boazamat], [dʒalil] |

| onneembaar (bn) | фатҳнопазир | [fathnopazir] |
| middeleeuws (bn) | асримиёнагй | [asrimijɔnagi:] |

82

87. Appartement

appartement (het)	манзил	[manzil]
kamer (de)	хона, ӯтоқ	[χona], [œtoq]
slaapkamer (de)	хонаи хоб	[χonai χob]
eetkamer (de)	хонаи хӯрокхӯрӣ	[χonai χœrokχœri:]
salon (de)	меҳмонхона	[mehmonχona]
studeerkamer (de)	утоқ	[utoq]

gang (de)	мадхал, даҳлез	[madχal], [dahlez]
badkamer (de)	ваннахона	[vannaχona]
toilet (het)	ҳоҷатхона	[hodʒatχona]

plafond (het)	шифт	[ʃift]
vloer (de)	фарш	[farʃ]
hoek (de)	кунҷ	[kundʒ]

88. Appartement. Schoonmaken

schoonmaken (ww)	рӯбучин кардан	[rœbutʃin kardan]
opbergen (in de kast, enz.)	ғундошта гирифтан	[ʁundoʃta giriftan]

stof (het)	чанг	[tʃang]
stoffig (bn)	пурчанг	[purtʃang]
stoffen (ww)	чанг гирифтан	[tʃang giriftan]
stofzuiger (de)	чангкашак	[tʃangkaʃak]
stofzuigen (ww)	чанг кашидан	[tʃang kaʃidan]

vegen (de vloer ~)	рӯфтан	[rœftan]
veegsel (het)	ахлот	[aχlot]
orde (de)	тартиб	[tartib]
wanorde (de)	бетартибӣ	[betartibi:]

zwabber (de)	пайкора	[pajkora]
poetsdoek (de)	латта	[latta]
veger (de)	ҷорӯб	[dʒorœb]
stofblik (het)	хокандози ахлот	[χokandozi aχlot]

89. Meubels. Interieur

meubels (mv.)	мебел	[mebel]
tafel (de)	миз	[miz]
stoel (de)	курсӣ	[kursi:]
bed (het)	кат	[kat]
bankstel (het)	диван	[divan]
fauteuil (de)	курсӣ	[kursi:]

boekenkast (de)	ҷевони китобмонӣ	[dʒevoni kitobmoni:]
boekenrek (het)	раф, рафча	[raf], [raftʃa]
kledingkast (de)	ҷевони либос	[dʒevoni libos]
kapstok (de)	либосовезак	[libosovezak]

staande kapstok (de)	либосовезак	[libosovezak]
commode (de)	чевон	[dʒevon]
salontafeltje (het)	мизи қахва	[mizi qahva]

spiegel (de)	оина	[oina]
tapijt (het)	гилем, қолин	[gilem], [qolin]
tapijtje (het)	гилемча	[gilemtʃa]

haard (de)	оташдон	[otaʃdon]
kaars (de)	шамъ	[ʃam']
kandelaar (de)	шамъдон	[ʃam'don]

gordijnen (mv.)	парда	[parda]
behang (het)	зардеворӣ	[zardevori:]
jaloezie (de)	жалюзи	[ʒaljuzi]

bureaulamp (de)	чароғи мизӣ	[tʃaroʁi mizi:]
wandlamp (de)	чароғак	[tʃaroʁak]
staande lamp (de)	торшер	[torʃer]
luchter (de)	қандил	[qandil]

poot (ov. een tafel, enz.)	поя	[poja]
armleuning (de)	оринҷмонаки курсӣ	[orindʒmonaki kursi:]
rugleuning (de)	пуштаки курсӣ	[puʃtaki kursi:]
la (de)	ғаладон	[ʁaladon]

90. Beddengoed

beddengoed (het)	чилдҳои болишту бистар	[dʒildhoi boliʃtu bistar]
kussen (het)	болишт	[boliʃt]
kussenovertrek (de)	чилди болишт	[dʒildi boliʃt]
deken (de)	кӯрпа	[kœrpa]
laken (het)	чойпӯш	[dʒojpœʃ]
sprei (de)	болопӯш	[bolopœʃ]

91. Keuken

keuken (de)	ошхона	[oʃχona]
gas (het)	газ	[gaz]
gasfornuis (het)	плитаи газ	[plitai gaz]
elektrisch fornuis (het)	плитаи электрикӣ	[plitai ɛlektriki:]
magnetronoven (de)	микроволновка	[mikrovolnovka]

koelkast (de)	яхдон	[jaχdon]
diepvriezer (de)	яхдон	[jaχdon]
vaatwasmachine (de)	мошини зарфшӯй	[moʃini zarfʃœj]

vleesmolen (de)	мошини гӯшткӯбӣ	[moʃini gœʃtkœbi:]
vruchtenpers (de)	шарбатафшурак	[ʃarbatafʃurak]
toaster (de)	тостер	[toster]
mixer (de)	миксер	[mikser]
koffiemachine (de)	қахвачӯшонак	[qahvadʒœʃonak]

| koffiepot (de) | зарфи қахвачӯшонй | [zarfi qahvadʒœʃoni:] |
| koffiemolen (de) | дастоси қахва | [dastosi qahva] |

fluitketel (de)	чойник	[ʧojnik]
theepot (de)	чойник	[ʧojnik]
deksel (de/het)	сарпӯш	[sarpœʃ]
theezeefje (het)	ғалберча	[ʁalberʧa]

lepel (de)	қошуқ	[qoʃuq]
theelepeltje (het)	чойкошук	[ʧojkoʃuk]
eetlepel (de)	қошуқи ошхӯрй	[qoʃuqi oʃχœri:]
vork (de)	чангча, чангол	[ʧangʧa], [ʧangol]
mes (het)	корд	[kord]

vaatwerk (het)	табақ	[tabaq]
bord (het)	тақсимча	[taqsimʧa]
schoteltje (het)	тақсимй, тақсимича	[taqsimi:], [taqsimiʧa]

likeurglas (het)	рюмка	[rjumka]
glas (het)	стакан	[stakan]
kopje (het)	косача	[kosaʧa]

suikerpot (de)	шакардон	[ʃakardon]
zoutvat (het)	намакдон	[namakdon]
pepervat (het)	қаламфурдон	[qalamfurdon]
boterschaaltje (het)	равғандон	[ravʁandon]

steelpan (de)	дегча	[degʧa]
bakpan (de)	тоба	[toba]
pollepel (de)	кафлез, обгардон, сархумй	[kaflez], [obgardon], [sarχumi:]
dienblad (het)	лаълй	[la'li:]

fles (de)	шиша, сурохй	[ʃiʃa], [surohi:]
glazen pot (de)	банкаи шишагй	[bankai ʃiʃagi:]
blik (conserven~)	банкаи тунукагй	[bankai tunukagi:]

flesopener (de)	саркушояк	[sarkuʃojak]
blikopener (de)	саркушояк	[sarkuʃojak]
kurkentrekker (de)	пӯккашак	[pœkkaʃak]
filter (de/het)	филтр	[filtr]
filteren (ww)	полоидан	[poloidan]

| huisvuil (het) | ахлот | [aχlot] |
| vuilnisemmer (de) | сатили ахлот | [satili aχlot] |

92. Badkamer

badkamer (de)	ваннахона	[vannaχona]
water (het)	об	[ob]
kraan (de)	чуммак, мил	[ʤummak], [mil]
warm water (het)	оби гарм	[obi garm]
koud water (het)	оби сард	[obi sard]
tandpasta (de)	хамираи дандон	[χamirai dandon]

tanden poetsen (ww)	дандон шустан	[dandon ʃustan]
tandenborstel (de)	чӯткаи дандоншӯй	[ʧœtkai dandonʃœi:]
zich scheren (ww)	риш гирифтан	[riʃ giriftan]
scheercrème (de)	кафки ришгирй	[kafki riʃgiri:]
scheermes (het)	ришгирак	[riʃgirak]
wassen (ww)	шустан	[ʃustan]
een bad nemen	шустушӯ кардан	[ʃustuʃœ kardan]
een douche nemen	ба душ даромадан	[ba duʃ daromadan]
bad (het)	ванна	[vanna]
toiletpot (de)	нишастгоҳи халочо	[niʃastgohi χalodʒo]
wastafel (de)	дастшӯяк	[dastʃœjak]
zeep (de)	собун	[sobun]
zeepbakje (het)	собундон	[sobundon]
spons (de)	исфанч	[isfandʒ]
shampoo (de)	шампун	[ʃampun]
handdoek (de)	сачоқ	[satʃoq]
badjas (de)	халат	[χalat]
was (bijv. handwas)	чомашӯй	[dʒomaʃœi:]
wasmachine (de)	мошини чомашӯй	[moʃini dʒomaʃœi:]
de was doen	чомашӯй кардан	[dʒomaʃœi: kardan]
waspoeder (de)	хокаи чомашӯй	[χokai dʒomaʃœi:]

93. Huishoudelijke apparaten

televisie (de)	телевизор	[televizor]
cassettespeler (de)	магнитафон	[magnitafon]
videorecorder (de)	видеомагнитафон	[videomagnitafon]
radio (de)	радио	[radio]
speler (de)	плеер	[pleer]
videoprojector (de)	видеопроектор	[videoproektor]
home theater systeem (het)	кинотеатри хонагӣ	[kinoteatri χonagi:]
DVD-speler (de)	DVD-монак	[εøε-monak]
versterker (de)	қувватафзо	[quvvatafzo]
spelconsole (de)	плейстейшн	[plejstejʃn]
videocamera (de)	видеокамера	[videokamera]
fotocamera (de)	фотоаппарат	[fotoapparat]
digitale camera (de)	суратгираки рақамӣ	[suratgiraki raqami:]
stofzuiger (de)	чангкашак	[ʧangkaʃak]
strijkijzer (het)	дарзмол	[darzmol]
strijkplank (de)	тахтаи дарзмолкунӣ	[taχtai darzmolkuni:]
telefoon (de)	телефон	[telefon]
mobieltje (het)	телефони мобилӣ	[telefoni mobili:]
schrijfmachine (de)	мошинаи хатнависӣ	[moʃinai χatnavisi:]
naaimachine (de)	мошинаи чокдӯзӣ	[moʃinai ʧokdœzi:]

microfoon (de)	микрофон	[mikrofon]
koptelefoon (de)	гӯшак, гӯшпӯшак	[gœʃak], [gœʃpœʃak]
afstandsbediening (de)	пулт	[pult]

CD (de)	компакт-диск	[kompakt-disk]
cassette (de)	кассета	[kasseta]
vinylplaat (de)	пластинка	[plastinka]

94. Reparaties. Renovatie

renovatie (de)	таъмир, тармим	[ta'mir], [tarmim]
renoveren (ww)	таъмир кардан	[ta'mir kardan]
repareren (ww)	таъмир кардан	[ta'mir kardan]
op orde brengen	ба тартиб андохтан	[ba tartib andoχtan]
overdoen (ww)	дубора хохтан	[dubora χoχtan]

verf (de)	ранг	[rang]
verven (muur ~)	ранг кардан	[rang kardan]
schilder (de)	рангзан, рангмол	[rangzan], [rangmol]
kwast (de)	мӯқалам	[mœqalam]

| kalk (de) | қабати оҳак | [qabati ohak] |
| kalken (ww) | сафед кардан | [safed kardan] |

behang (het)	зардеворӣ	[zardevori:]
behangen (ww)	зардеворӣ часпондан	[zardevori: tʃaspondan]
lak (de/het)	лок	[lok]
lakken (ww)	лок задан	[lok zadan]

95. Loodgieterswerk

water (het)	об	[ob]
warm water (het)	оби гарм	[obi garm]
koud water (het)	оби сард	[obi sard]
kraan (de)	чуммак, мил	[dʒummak], [mil]

druppel (de)	катра	[katra]
druppelen (ww)	чакидан	[tʃakidan]
lekken (een lek hebben)	чакидан	[tʃakidan]
lekkage (de)	сӯрох будан	[sœroχ budan]
plasje (het)	кӯлмак	[kœlmak]

buis, leiding (de)	қубур	[qubur]
stopkraan (de)	вентил	[ventil]
verstopt raken (ww)	аз чирк маҳкам шудан	[az tʃirk mahkam ʃudan]

gereedschap (het)	асбобу анҷом	[asbobu andʒom]
Engelse sleutel (de)	калиди бозшаванда	[kalidi bozʃavanda]
losschroeven (ww)	тоб дода кушодан	[tob doda kuʃodan]
aanschroeven (ww)	тофтан, тоб додан	[toftan], [tob dodan]
ontstoppen (riool, enz.)	тоза кардан	[toza kardan]
loodgieter (de)	сантехник	[santeχnik]

| kelder (de) | таҳхона | [tahχona] |
| riolering (de) | канализатсия | [kanalizatsija] |

96. Brand. Vuurzee

vuur (het)	оташ	[otaʃ]
vlam (de)	шӯъла	[ʃœ'la]
vonk (de)	шарора	[ʃarora]
fakkel (de)	машъал	[maʃ'al]
kampvuur (het)	гулхан	[gulχan]

benzine (de)	бензин	[benzin]
kerosine (de)	карасин	[karasin]
brandbaar (bn)	сӯзанда	[sœzanda]
ontplofbaar (bn)	тарканда	[tarkanda]
VERBODEN TE ROKEN!	ТАМОКУ НАКАШЕД!	[tamoku nakaʃed]

veiligheid (de)	бехатарй	[beχatari:]
gevaar (het)	хатар	[χatar]
gevaarlijk (bn)	хатарнок	[χatarnok]

in brand vliegen (ww)	даргирифтан	[dargiriftan]
explosie (de)	таркиш, таркидан	[tarkiʃ], [tarkidan]
in brand steken (ww)	оташ задан	[otaʃ zadan]
brandstichter (de)	оташзананда	[otaʃzananda]
brandstichting (de)	оташ задан	[otaʃ zadan]

vlammen (ww)	аланга задан	[alanga zadan]
branden (ww)	сӯхтан	[sœχtan]
afbranden (ww)	сӯхтан	[sœχtan]

de brandweer bellen	даъват кардани сӯхторхомӯшкунҳо	[da'vat kardani sœχtorχomœʃkunho]
brandweerman (de)	сӯхторхомӯшкун	[sœχtorχomœʃkun]
brandweerwagen (de)	мошини сӯхторхомӯшкунй	[moʃini sœχtorχomœʃkuni:]
brandweer (de)	дастаи сӯхторхомӯшкунҳо	[dastai sœχtorχomœʃkunho]
uitschuifbare ladder (de)	зинапояи дарозшаванда	[zinapojai darozʃavanda]

brandslang (de)	рӯда	[rœda]
brandblusser (de)	оташнишон	[otaʃniʃon]
helm (de)	тоскулох	[toskuloh]
sirene (de)	бурғу	[burʁu]

roepen (ww)	дод задан	[dod zadan]
hulp roepen	ба ёрӣ чеғ задан	[ba jori: dʒeʁ zadan]
redder (de)	наҷотдиҳанда	[nadʒotdihanda]
redden (ww)	наҷот додан	[nadʒot dodan]

aankomen (per auto, enz.)	расидан	[rasidan]
blussen (ww)	хомӯш кардан	[χomœʃ kardan]
water (het)	об	[ob]
zand (het)	peг	[reg]
ruïnes (mv.)	харобот	[χarobot]

instorten (gebouw, enz.)	гумбуррос зада афтодан	[gumburros zada aftodan]
ineenstorten (ww)	ғалтидан	[ʁaltidan]
inzakken (ww)	чӯкидан	[ʧœkidan]
brokstuk (het)	шикастпора	[ʃikastpora]
as (de)	хокистар	[χokistar]
verstikken (ww)	нафас гашта мурдан	[nafas gaʃta murdan]
omkomen (ww)	вафот кардан	[vafot kardan]

MENSELIJKE ACTIVITEITEN

Baan. Business. Deel 1

97. Bankieren

bank (de)	банк	[bank]
bankfiliaal (het)	шӯъба	[ʃœ'ba]
bankbediende (de)	мушовир	[muʃovir]
manager (de)	идоракунанда	[idorakunanda]
bankrekening (de)	ҳисоб	[hisob]
rekeningnummer (het)	рақами суратҳисоб	[raqami surathisob]
lopende rekening (de)	ҳисоби ҷорӣ	[hisobi ʤori:]
spaarrekening (de)	суратҳисоби ҷамъшаванда	[surathisobi ʤam'ʃavanda]
een rekening openen	суратҳисоб кушодан	[surathisob kuʃodan]
de rekening sluiten	бастани суратҳисоб	[bastani surathisob]
op rekening storten	ба суратҳисоб гузарондан	[ba surathisob guzarondan]
opnemen (ww)	аз суратҳисоб гирифтан	[az surathisob giriftan]
storting (de)	амонат	[amonat]
een storting maken	маблағ гузоштан	[mablaʁ guzoʃtan]
overschrijving (de)	интиқоли маблағ	[intiqoli mablaʁ]
een overschrijving maken	интиқол додан	[intiqol dodan]
som (de)	маблағ	[mablaʁ]
Hoeveel?	Чӣ қадар?	[ʧi: qadar]
handtekening (de)	имзо	[imzo]
ondertekenen (ww)	имзо кардан	[imzo kardan]
kredietkaart (de)	корти кредитӣ	[korti krediti:]
code (de)	рамз, код	[ramz], [kod]
kredietkaartnummer (het)	рақами корти кредитӣ	[raqami korti krediti:]
geldautomaat (de)	банкомат	[bankomat]
cheque (de)	чек	[ʧek]
een cheque uitschrijven	чек навиштан	[ʧek naviʃtan]
chequeboekje (het)	дафтарчаи чек	[daftarʧai ʧek]
lening, krediet (de)	қарз	[qarz]
een lening aanvragen	барои кредит муроҷиат кардан	[baroi kredit murodʒiat kardan]
een lening nemen	кредит гирифтан	[kredit giriftan]
een lening verlenen	кредит додан	[kredit dodan]
garantie (de)	кафолат, замонат	[kafolat], [zamonat]

98. Telefoon. Telefoongesprek

telefoon (de)	телефон	[telefon]
mobieltje (het)	телефони мобилӣ	[telefoni mobili:]
antwoordapparaat (het)	худчавобгӯ	[χuddʒavobgœ]
bellen (ww)	телефон кардан	[telefon kardan]
belletje (telefoontje)	занг	[zang]
een nummer draaien	гирифтани рақамхо	[giriftani raqamho]
Hallo!	алло, ҳа	[allo], [ha]
vragen (ww)	пурсидан	[pursidan]
antwoorden (ww)	чавоб додан	[dʒavob dodan]
horen (ww)	шунидан	[ʃunidan]
goed (bw)	хуб, нағз	[χub], [naʁz]
slecht (bw)	бад	[bad]
storingen (mv.)	садоҳои бегона	[sadohoi begona]
hoorn (de)	гӯшак	[gi:ʃak]
opnemen (ww)	бардоштани гӯшак	[bardoʃtani gœʃak]
ophangen (ww)	мондани гӯшак	[mondani gœʃak]
bezet (bn)	банд	[band]
overgaan (ww)	занг задан	[zang zadan]
telefoonboek (het)	китоби телефон	[kitobi telefon]
lokaal (bn)	маҳаллӣ	[mahalli:]
lokaal gesprek (het)	занги маҳаллӣ	[zangi mahalli:]
interlokaal (bn)	байнишаҳрӣ	[bajniʃahri:]
interlokaal gesprek (het)	занги байнишаҳрӣ	[zangi bajniʃahri:]
buitenlands (bn)	байналхалқӣ	[bajnalχalqi:]

99. Mobiele telefoon

mobieltje (het)	телефони мобилӣ	[telefoni mobili:]
scherm (het)	дисплей	[displej]
toets, knop (de)	тугмача	[tugmatʃa]
simkaart (de)	сим-корт	[sim-kort]
batterij (de)	батарея	[batareja]
leeg zijn (ww)	бе заряд шудан	[be zarjad ʃudan]
acculader (de)	асбоби барқпуркунанда	[asbobi barqpurkunanda]
menu (het)	меню	[menju]
instellingen (mv.)	соз кардан	[soz kardan]
melodie (beltoon)	оҳанг	[ohang]
selecteren (ww)	интихоб кардан	[intiχob kardan]
rekenmachine (de)	ҳисобкунак	[hisobkunak]
voicemail (de)	худчавобгӯ	[χuddʒavobgœ]
wekker (de)	соати рӯимизии зангдор	[soati rœimizi:i zangdor]
contacten (mv.)	китоби телефон	[kitobi telefon]

| SMS-bericht (het) | СМС-хабар | [sms-χabar] |
| abonnee (de) | муштарӣ | [muʃtari:] |

100. Schrijfbehoeften

| balpen (de) | ручкаи саққочадор | [rutʃkai saqqotʃador] |
| vulpen (de) | парқалам | [parqalam] |

potlood (het)	қалам	[qalam]
marker (de)	маркер	[marker]
viltstift (de)	фломастер	[flomaster]

| notitieboekje (het) | блокнот, дафтари ёддошт | [bloknot], [daftari jɔddɔʃt] |
| agenda (boekje) | рӯзнома | [rœznoma] |

liniaal (de/het)	чадвал	[dʒadval]
rekenmachine (de)	ҳисобкунак	[hisobkunak]
gom (de)	ластик	[lastik]
punaise (de)	кнопка	[knopka]
paperclip (de)	скрепка	[skrepka]

lijm (de)	елим, шилм	[elim], [ʃilm]
nietmachine (de)	степлер	[stepler]
potloodslijper (de)	чарх	[tʃarχ]

Baan. Business. Deel 2

101. Massamedia

krant (de)	рӯзнома	[rœznoma]
tijdschrift (het)	мачалла	[madʒalla]
pers (gedrukte media)	матбуот	[matbuot]
radio (de)	радио	[radio]
radiostation (het)	радиошунавой	[radioʃunavoi:]
televisie (de)	телевизион	[televizion]
presentator (de)	баранда, роҳбалад	[baranda], [rohbalad]
nieuwslezer (de)	диктор	[diktor]
commentator (de)	шореҳ	[ʃoreh]
journalist (de)	рӯзноманигор	[rœznomanigor]
correspondent (de)	мухбир	[muχbir]
fotocorrespondent (de)	фотомухбир	[fotomuχbir]
reporter (de)	хабарнигор	[χabarnigor]
redacteur (de)	муҳаррир	[muharrir]
chef-redacteur (de)	сармуҳаррир	[sarmuharrir]
zich abonneren op	обуна шудан	[obuna ʃudan]
abonnement (het)	обуна	[obuna]
abonnee (de)	обуначӣ	[obunatʃi:]
lezen (ww)	хондан	[χondan]
lezer (de)	хонанда	[χonanda]
oplage (de)	тираж	[tiraʒ]
maand-, maandelijks (bn)	ҳармоҳа	[harmoha]
wekelijks (bn)	ҳафтаина	[haftaina]
nummer (het)	шумора	[ʃumora]
vers (~ van de pers)	нав	[nav]
kop (de)	сарлавҳа	[sarlavha]
korte artikel (het)	хабар	[χabar]
rubriek (de)	сарлавҳа	[sarlavha]
artikel (het)	макола	[makola]
pagina (de)	саҳифа	[sahifa]
reportage (de)	хабарнигорй	[χabarnigori:]
gebeurtenis (de)	воқеа, ходиса	[voqea], [hodisa]
sensatie (de)	ҳангома	[hangoma]
schandaal (het)	чанчол	[dʒandʒol]
schandalig (bn)	чанчолй	[dʒandʒoli:]
groot (~ schandaal, enz.)	овозадор	[ovozador]
programma (het)	намоиш	[namoiʃ]
interview (het)	мусоҳиба	[musohiba]

live uitzending (de)   намоиши мустақим   [namoiʃi mustaqim]
kanaal (het)   канал   [kanal]

102. Landbouw

landbouw (de)   хоҷагии қишлоқ   [χodʒagi:i qiʃloq]
boer (de)   деҳқон   [dehqon]
boerin (de)   деҳқонзан   [dehqonzan]
landbouwer (de)   фермер   [fermer]

tractor (de)   трактор   [traktor]
maaidorser (de)   комбайн   [kombajn]

ploeg (de)   сипор   [sipor]
ploegen (ww)   шудгор кардан   [ʃudgor kardan]
akkerland (het)   шудгор   [ʃudgor]
voor (de)   огард, чӯяк   [ogard], [dʒœjak]

zaaien (ww)   коштан, коридан   [koʃtan], [koridan]
zaaimachine (de)   сеялка   [sejalka]
zaaien (het)   кишт   [kiʃt]

zeis (de)   пойдос   [pojdos]
maaien (ww)   даравидан   [daravidan]

schop (de)   бел   [bel]
spitten (ww)   каланд кардан   [kaland kardan]

schoffel (de)   каландча   [kalandtʃa]
wieden (ww)   хишова кардан   [χiʃova kardan]
onkruid (het)   алафи бегона   [alafi begona]

gieter (de)   даҳанак   [dahanak]
begieten (water geven)   об мондан   [ob mondan]
bewatering (de)   обмонӣ   [obmoni:]

riek, hooivork (de)   панҷшоха, чоршоха   [pandʒʃoχa], [tʃorʃoχa]
hark (de)   хаскашак   [χaskaʃak]

meststof (de)   пору   [poru]
bemesten (ww)   пору андохтан   [poru andoχtan]
mest (de)   пору   [poru]

veld (het)   саҳро   [sahro]
wei (de)   марғзор   [marʁzor]
moestuin (de)   обчакорӣ   [obtʃakori:]
boomgaard (de)   боғ   [boʁ]

weiden (ww)   чарондан   [tʃarondan]
herder (de)   подабон   [podabon]
weiland (de)   чарогоҳ   [tʃarogoh]

veehouderij (de)   чорводорӣ   [tʃorvodori:]
schapenteelt (de)   гӯсфандпарварӣ   [gœsfandparvari:]

plantage (de)	киштзор	[kiʃtzor]
rijtje (het)	чӯя, пушта	[dʒœja], [puʃta]
broeikas (de)	гармхона	[garmχona]

| droogte (de) | хушксолӣ, хушкӣ | [χuʃksoli:], [χuʃki:] |
| droog (bn) | хушк | [χuʃk] |

graan (het)	ғалла, ғалладона	[ʁalla], [ʁalladona]
graangewassen (mv.)	ғалла, ғалладона	[ʁalla], [ʁalladona]
oogsten (ww)	ғундоштан	[ʁundoʃtan]

molenaar (de)	осиёбон	[osijɔbon]
molen (de)	осиё	[osijɔ]
malen (graan ~)	орд кардан	[ord kardan]
bloem (bijv. tarwebloem)	орд	[ord]
stro (het)	коҳ	[koh]

103. Gebouw. Bouwproces

bouwplaats (de)	бинокорӣ	[binokori:]
bouwen (ww)	бино кардан	[bino kardan]
bouwvakker (de)	бинокор	[binokor]

project (het)	лоиҳа	[loiha]
architect (de)	меъмор	[me'mor]
arbeider (de)	коргар	[korgar]

fundering (de)	тахкурсӣ	[taχkursi:]
dak (het)	бом	[bom]
heipaal (de)	поя	[poja]
muur (de)	девор	[devor]

| betonstaal (het) | арматура | [armatura] |
| steigers (mv.) | чӯбу тахтаи сохтумонӣ | [tʃœbu taχtai soχtumoni:] |

beton (het)	бетон	[beton]
graniet (het)	хоро	[χoro]
steen (de)	санг	[sang]
baksteen (de)	хишт	[χiʃt]

zand (het)	рег	[reg]
cement (de/het)	симон	[simon]
pleister (het)	андова	[andova]
pleisteren (ww)	андова кардан	[andova kardan]
verf (de)	ранг	[rang]
verven (muur ~)	ранг кардан	[rang kardan]
ton (de)	бочка, чалак	[botʃka], [tʃalak]

kraan (de)	крани борбардор	[krani borbardor]
heffen, hijsen (ww)	бардоштан	[bardoʃtan]
neerlaten (ww)	фуровардан	[furovardan]

| bulldozer (de) | булдозер | [buldozer] |
| graafmachine (de) | экскаватор | [ɛkskavator] |

graafbak (de)	хокандоз	[χokandoz]
graven (tunnel, enz.)	кандан	[kandan]
helm (de)	тоскулоҳ	[toskuloh]

Beroepen en ambachten

104. Zoeken naar werk. Ontslag

baan (de)	кор	[kor]
werknemers (mv.)	кадрхо	[kadrho]
personeel (het)	ҳайат	[hajat]
carrière (de)	пешравй дар мансаб	[peʃravi: dar mansab]
vooruitzichten (mv.)	дурнамо	[durnamo]
meesterschap (het)	ҳунар	[hunar]
keuze (de)	интихоб	[intiχob]
uitzendbureau (het)	шӯъбаи кадрхо	[ʃœ'bai kadrho]
CV, curriculum vitae (het)	резюме, сивй	[rezjume], [sivi:]
sollicitatiegesprek (het)	сӯҳбат	[sœhbat]
vacature (de)	вазифаи холй	[vazifai χoli:]
salaris (het)	музди меҳнат	[muzdi mehnat]
vaste salaris (het)	моҳона	[mohona]
loon (het)	ҳакдиҳй	[haqdihi:]
betrekking (de)	вазифа	[vazifa]
taak, plicht (de)	вазифа	[vazifa]
takenpakket (het)	ҳудуди вазифа	[hududi vazifa]
bezig (~ zijn)	серкор	[serkor]
ontslagen (ww)	озод кардан	[ozod kardan]
ontslag (het)	аз кор холй шудан	[az kor χoli: ʃudan]
werkloosheid (de)	бекорй	[bekori:]
werkloze (de)	бекор	[bekor]
pensioen (het)	нафақа	[nafaqa]
met pensioen gaan	ба нафақа баромадан	[ba nafaqa baromadan]

105. Zakenmensen

directeur (de)	директор, мудир	[direktor], [mudir]
beheerder (de)	идоракунанда	[idorakunanda]
hoofd (het)	роҳбар, сардор	[rohbar], [sardor]
baas (de)	сардор	[sardor]
superieuren (mv.)	сардорон	[sardoron]
president (de)	президент	[prezident]
voorzitter (de)	раис	[rais]
adjunct (de)	ҷонишин	[dʒoniʃin]
assistent (de)	ёвар	[jɔvar]

secretaris (de)	котиб	[kotib]
persoonlijke assistent (de)	котиби шахсӣ	[kotibi ʃaχsi:]
zakenman (de)	корчаллон	[kortʃallon]
ondernemer (de)	соҳибкор	[sohibkor]
oprichter (de)	таъсис	[ta'sis]
oprichten	таъсис кардан	[ta'sis kardan]
(een nieuw bedrijf ~)		
stichter (de)	муассис	[muassis]
partner (de)	шарик	[ʃarik]
aandeelhouder (de)	саҳмиядор	[sahmijador]
miljonair (de)	миллионер	[millioner]
miljardair (de)	миллиардер	[milliarder]
eigenaar (de)	соҳиб	[sohib]
landeigenaar (de)	заминдор	[zamindor]
klant (de)	мизоҷ, муштарӣ	[mizodʒ], [muʃtari:]
vaste klant (de)	мизоҷи доимӣ	[mizodʒi doimi:]
koper (de)	харидор, муштарӣ	[χaridor], [muʃtari:]
bezoeker (de)	тамошобин	[tamoʃobin]
professioneel (de)	усто, устод	[usto], [ustod]
expert (de)	мумайиз	[mumajiz]
specialist (de)	мутахассис	[mutaχassis]
bankier (de)	соҳиби банк	[sohibi bank]
makelaar (de)	брокер	[broker]
kassier (de)	кассир	[kassir]
boekhouder (de)	бухгалтер	[buχʁalter]
bewaker (de)	посбон	[posbon]
investeerder (de)	маблағгузоранда	[mablaʁguzoranda]
schuldenaar (de)	қарздор	[qarzdor]
crediteur (de)	қарздиҳанда	[qarzdihanda]
lener (de)	вомгир	[vomgir]
importeur (de)	воридгари мол	[voridgari mol]
exporteur (de)	содиргар	[sodirgar]
producent (de)	истеҳолкунанда	[isteholkunanda]
distributeur (de)	дистрибютор	[distribjutor]
bemiddelaar (de)	даллол	[dallol]
adviseur, consulent (de)	мушовир	[muʃovir]
vertegenwoordiger (de)	намоянда	[namojanda]
agent (de)	агент	[agent]
verzekeringsagent (de)	идораи суғурта	[idorai suʁurta]

106. Dienstverlenende beroepen

kok (de)	ошпаз	[oʃpaz]
chef-kok (de)	сарошпаз	[saroʃpaz]

bakker (de)	нонвой	[nonvoj]
barman (de)	бармен	[barmen]
kelner, ober (de)	пешхизмат	[peʃχizmat]
serveerster (de)	пешхизмат	[peʃχizmat]

advocaat (de)	адвокат, ҳимоягар	[advokat], [himojagar]
jurist (de)	ҳуқуқшинос	[huquqʃinos]
notaris (de)	нотариус	[notarius]

elektricien (de)	барқчӣ	[barqtʃi:]
loodgieter (de)	сантехник	[santeχnik]
timmerman (de)	дуредгар	[duredgar]

masseur (de)	масҳгар	[mashgar]
masseuse (de)	маҳсгарзан	[mahsgarzan]
dokter, arts (de)	духтур	[duχtur]

taxichauffeur (de)	таксичӣ	[taksitʃi:]
chauffeur (de)	рононда	[ronanda]
koerier (de)	хаткашон	[χatkaʃon]

kamermeisje (het)	пешхизмат	[peʃχizmat]
bewaker (de)	посбон	[posbon]
stewardess (de)	стюардесса	[stjuardessa]

meester (de)	муаллим	[muallim]
bibliothecaris (de)	китобдор	[kitobdor]
vertaler (de)	тарҷумон	[tardʒumon]
tolk (de)	тарҷумон	[tardʒumon]
gids (de)	роҳбалад	[rohbalad]

kapper (de)	сартарош	[sartaroʃ]
postbode (de)	хаткашон	[χatkaʃon]
verkoper (de)	фурӯш	[furœʃ]

tuinman (de)	боғбон	[boʁbon]
huisbediende (de)	хизматгор	[χizmatgor]
dienstmeisje (het)	хизматгорзан	[χizmatgorzan]
schoonmaakster (de)	фаррошзан	[farroʃzan]

107. Militaire beroepen en rangen

soldaat (rang)	аскари қаторӣ	[askari qatori:]
sergeant (de)	сержант	[serʒant]
luitenant (de)	лейтенант	[lejtenant]
kapitein (de)	капитан	[kapitan]

majoor (de)	майор	[majɔr]
kolonel (de)	полковник	[polkovnik]
generaal (de)	генерал	[general]
maarschalk (de)	маршал	[marʃal]
admiraal (de)	адмирал	[admiral]
militair (de)	ҳарбӣ, чангӣ	[harbi:], [tʃangi:]
soldaat (de)	аскар	[askar]

| officier (de) | афсар | [afsar] |
| commandant (de) | командир | [komandir] |

grenswachter (de)	сарҳадбон	[sarhadbon]
marconist (de)	радиочӣ	[radiotʃi:]
verkenner (de)	разведкачӣ	[razvedkatʃi:]
sappeur (de)	сапёр	[sapjɵr]
schutter (de)	тирандоз	[tirandoz]
stuurman (de)	штурман	[ʃturman]

108. Ambtenaren. Priesters

| koning (de) | шоҳ | [ʃoh] |
| koningin (de) | малика | [malika] |

| prins (de) | шоҳзода | [ʃohzoda] |
| prinses (de) | шоҳдухтар | [ʃohduχtar] |

| tsaar (de) | шоҳ | [ʃoh] |
| tsarina (de) | шоҳзан | [ʃohzan] |

president (de)	президент	[prezident]
minister (de)	вазир	[vazir]
eerste minister (de)	сарвазир	[sarvazir]
senator (de)	сенатор	[senator]

diplomaat (de)	дипломат	[diplomat]
consul (de)	консул	[konsul]
ambassadeur (de)	сафир	[safir]
adviseur (de)	мушовир	[muʃovir]

ambtenaar (de)	амалдор	[amaldor]
prefect (de)	префект	[prefekt]
burgemeester (de)	мир	[mir]

| rechter (de) | довар | [dovar] |
| aanklager (de) | прокурор, додситон | [prokuror], [dodsiton] |

missionaris (de)	миссионер, мубаллиғ	[missioner], [muballiʁ]
monnik (de)	роҳиб	[rohib]
abt (de)	аббат	[abbat]
rabbi, rabbijn (de)	раббӣ	[rabbi:]

vizier (de)	вазир	[vazir]
sjah (de)	шоҳ	[ʃoh]
sjeik (de)	шайх	[ʃajχ]

109. Agrarische beroepen

imker (de)	занбӯрпарвар	[zanbœrparvar]
herder (de)	подабон	[podabon]
landbouwkundige (de)	агроном	[agronom]

| veehouder (de) | чорводор | [tʃorvodor] |
| dierenarts (de) | духтури хайвонот | [duχturi hajvonot] |

landbouwer (de)	фермер	[fermer]
wijnmaker (de)	шаробсоз	[ʃarobsoz]
zoöloog (de)	зоолог	[zoolog]
cowboy (de)	ковбой	[kovboj]

110. Kunst beroepen

| acteur (de) | ҳунарманд | [hunarmand] |
| actrice (de) | ҳунарманд | [hunarmand] |

| zanger (de) | сурудхон, ҳофиз | [surudχon], [hofiz] |
| zangeres (de) | сароянда | [sarojanda] |

| danser (de) | раққос | [raqqos] |
| danseres (de) | раққоса | [raqqosa] |

| artiest (mann.) | ҳунарманд | [hunarmand] |
| artiest (vrouw.) | ҳунарманд | [hunarmand] |

muzikant (de)	мусиқачӣ	[musiqatʃi:]
pianist (de)	пианинонавоз	[pianinonavoz]
gitarist (de)	гиторчӣ	[gitortʃi:]

orkestdirigent (de)	дирижёр	[diriʒjor]
componist (de)	композитор, бастакор	[kompozitor], [bastakor]
impresario (de)	импрессарио	[impressario]

filmregisseur (de)	коргардон	[korgardon]
filmproducent (de)	продюсер	[prodjuser]
scenarioschrijver (de)	муаллифи сенарий	[muallifi senarij]
criticus (de)	мунаққид	[munaqqid]

schrijver (de)	нависанда	[navisanda]
dichter (de)	шоир	[ʃoir]
beeldhouwer (de)	ҳайкалтарош	[hajkaltaroʃ]
kunstenaar (de)	рассом	[rassom]

jongleur (de)	жонглёр	[ʒongljor]
clown (de)	масхарабоз	[masχaraboz]
acrobaat (de)	дорбоз, акробат	[dorboz], [akrobat]
goochelaar (de)	найрангбоз	[najrangboz]

111. Verschillende beroepen

dokter, arts (de)	духтур	[duχtur]
ziekenzuster (de)	ҳамшираи тиббӣ	[hamʃirai tibbi:]
psychiater (de)	равонпизишк	[ravonpiziʃk]
tandarts (de)	дандонпизишк	[dandonpiziʃk]
chirurg (de)	ҷаррох	[dʒarroh]

astronaut (de)	кайҳоннавард	[kajhonnavard]
astronoom (de)	ситорашинос	[sitoraʃinos]
piloot (de)	лётчик	[ljɔttʃik]

chauffeur (de)	ронанда	[ronanda]
machinist (de)	мошинист	[moʃinist]
mecanicien (de)	механик	[meχanik]

mijnwerker (de)	конкан	[konkan]
arbeider (de)	коргар	[korgar]
bankwerker (de)	челонгар	[tʃelongar]
houtbewerker (de)	дуредгар, наччор	[duredgar], [nadʒdʒor]
draaier (de)	харрот	[χarrot]
bouwvakker (de)	бинокор	[binokor]
lasser (de)	кафшергар	[kafʃergar]

professor (de)	профессор	[professor]
architect (de)	меъмор	[me'mor]
historicus (de)	таърихдон	[ta'riχdon]
wetenschapper (de)	олим	[olim]
fysicus (de)	физик	[fizik]
scheikundige (de)	химик	[χimik]

archeoloog (de)	археолог	[arχeolog]
geoloog (de)	геолог	[geolog]
onderzoeker (de)	таҳқикотчй	[tahqikottʃi:]

| babysitter (de) | бачабардор | [batʃabardor] |
| leraar, pedagoog (de) | муаллим | [muallim] |

redacteur (de)	муҳаррир	[muharrir]
chef-redacteur (de)	сармуҳаррир	[sarmuharrir]
correspondent (de)	мухбир	[muχbir]
typiste (de)	мошинистка	[moʃinistka]

designer (de)	дизайнгар, зебосоз	[dizajngar], [zebosoz]
computerexpert (de)	устои компютер	[ustoi kompjuter]
programmeur (de)	барномасоз	[barnomasoz]
ingenieur (de)	инженер	[inʒener]

matroos (de)	баҳрчй	[bahrtʃi:]
zeeman (de)	баҳрчй, маллоҳ	[bahrtʃi:], [malloh]
redder (de)	начотдиҳанда	[nadʒotdihanda]

brandweerman (de)	сӯхторхомӯшкун	[sœχtorχomœʃkun]
politieagent (de)	полис	[polis]
nachtwaker (de)	посбон	[posbon]
detective (de)	чустучӯкунанда	[dʒustudʒœkunanda]

douanier (de)	гумрукчй	[gumruktʃi:]
lijfwacht (de)	муҳофиз	[muhofiz]
gevangenisbewaker (de)	назоратчии ҳабсхона	[nazorattʃi:i habsχona]
inspecteur (de)	назоратчй	[nazorattʃi:]

| sportman (de) | варзишгар | [varziʃgar] |
| trainer (de) | тренер | [trener] |

slager, beenhouwer (de)	қассоб, гӯштфурӯш	[qassob], [gœʃtfurœʃ]
schoenlapper (de)	мӯзадӯз	[mœzadœz]
handelaar (de)	савдогар, точир	[savdogar], [todʒir]
lader (de)	борбардор	[borbardor]
kledingstilist (de)	тарҳсоз	[tarhsoz]
model (het)	модел	[model]

112. Beroepen. Sociale status

scholier (de)	мактабхон	[maktabχon]
student (de)	донишҷӯ	[doniʃdʒœ]
filosoof (de)	файласуф	[fajlasuf]
econoom (de)	иқтисодчӣ	[iqtisodtʃi:]
uitvinder (de)	ихтироъкор	[iχtiro'kor]
werkloze (de)	бекор	[bekor]
gepensioneerde (de)	нафақахӯр	[nafaqaχœr]
spion (de)	ҷосус	[dʒosus]
gedetineerde (de)	маҳбус	[mahbus]
staker (de)	корпарто	[korparto]
bureaucraat (de)	бюрократ	[bjurokrat]
reiziger (de)	сайёх	[sajjɔχ]
homoseksueel (de)	гомосексуалист	[gomoseksualist]
hacker (computerkraker)	хакер	[χaker]
hippie (de)	хиппи	[χippi]
bandiet (de)	роҳзан	[rohzan]
huurmoordenaar (de)	қотили зархарид	[qotili zarχarid]
drugsverslaafde (de)	нашъаманд	[naʃ'amand]
drugshandelaar (de)	нашъаҷаллоб	[naʃ'adʒallob]
prostituee (de)	фоҳиша	[fohiʃa]
pooier (de)	занҷаллоб	[zandʒallob]
tovenaar (de)	ҷодугар	[dʒodugar]
tovenares (de)	занаки ҷодугар	[zanaki dʒodugar]
piraat (de)	роҳзани баҳрӣ	[rohzani bahri:]
slaaf (de)	ғулом	[ʁulom]
samoerai (de)	самурай	[samuraj]
wilde (de)	одами ваҳшӣ	[odami vahʃi:]

Sport

113. Soorten sporten. Sporters

sportman (de)	варзишгар	[varziʃgar]
soort sport (de/het)	намуди варзиш	[namudi varziʃ]
basketbal (het)	баскетбол	[basketbol]
basketbalspeler (de)	баскетболбоз	[basketbolboz]
baseball (het)	бейсбол	[bejsbol]
baseballspeler (de)	бейсболчй	[bejsboltʃi:]
voetbal (het)	футбол	[futbol]
voetballer (de)	футболбоз	[futbolboz]
doelman (de)	дарвозабон	[darvozabon]
hockey (het)	хоккей	[χokkej]
hockeyspeler (de)	хоккейбоз	[χokkejboz]
volleybal (het)	волейбол	[volejbol]
volleybalspeler (de)	волейболбоз	[volejbolboz]
boksen (het)	бокс	[boks]
bokser (de)	боксёр	[boksjɔr]
worstelen (het)	гӯштин	[gœʃtin]
worstelaar (de)	гӯштингир	[gœʃtingir]
karate (de)	карате	[karate]
karateka (de)	каратечй	[karatetʃi:]
judo (de)	дзюдо	[dzjudo]
judoka (de)	дзюдочй	[dzjudotʃi:]
tennis (het)	теннис	[tennis]
tennisspeler (de)	теннисбоз	[tennisboz]
zwemmen (het)	шиноварй	[ʃinovari:]
zwemmer (de)	шиновар	[ʃinovar]
schermen (het)	шамшербозй	[ʃamʃerbozi:]
schermer (de)	шамшербоз	[ʃamʃerboz]
schaak (het)	шоҳмот	[ʃohmot]
schaker (de)	шоҳмотбоз	[ʃohmotboz]
alpinisme (het)	кӯҳнавардй	[kœhnavardi:]
alpinist (de)	кӯҳнавард	[kœhnavard]
hardlopen (het)	давидани	[davidani]

renner (de)	даванда	[davanda]
atletiek (de)	атлетикаи сабук	[atletikai sabuk]
atleet (de)	варзишгар	[varziʃgar]

paardensport (de)	варзиши аспй	[varziʃi aspi:]
ruiter (de)	човандоз	[tʃovandoz]

kunstschaatsen (het)	рақси рӯи ях	[raqsi rœi jaχ]
kunstschaatser (de)	раққоси рӯи ях	[raqqosi rœi jaχ]
kunstschaatsster (de)	раққосаи рӯи ях	[raqqosai rœi jaχ]

gewichtheffen (het)	варзиши вазнин	[varziʃi vaznin]
gewichtheffer (de)	вазнабардор	[vaznabardor]

autoraces (mv.)	пойгаи мошинхо	[pojgai moʃinho]
coureur (de)	пойгачи	[pojgatʃi]

wielersport (de)	спорти велосипедронй	[sporti velosipedroni:]
wielrenner (de)	велосипедрон	[velosipedron]

verspringen (het)	чақиш ба дарозй	[dʒahiʃ ba darozi:]
polsstokspringen (het)	чақиш бо хода	[dʒahiʃ bo χoda]
verspringer (de)	чақанда	[dʒahanda]

114. Soorten sporten. Diversen

Amerikaans voetbal (het)	футболи американ	[futboli amerikoi:]
badminton (het)	бадминтон	[badminton]
biatlon (de)	биатлон	[biatlon]
biljart (het)	билярдбозй	[biljardbozi:]

bobsleeën (het)	бобслей	[bobslej]
bodybuilding (de)	бодибилдинг	[bodibilding]
waterpolo (het)	тӯббозй дар об	[tœbbozj dar ob]
handbal (de)	гандбол	[gandbol]
golf (het)	голф	[golf]

roeisport (de)	қаиқронй	[qaiqroni:]
duiken (het)	дайвинг	[dajving]
langlaufen (het)	пойгаи лижаронхо	[pojgai liʒaronho]
tafeltennis (het)	теннси рӯимизй	[tennisi rœimizi:]

zeilen (het)	варзиши парусй	[varziʃi parusi:]
rally (de)	ралли	[ralli]
rugby (het)	регби	[regbi]
snowboarden (het)	сноуборд	[snoubord]
boogschieten (het)	камонварй	[kamonvari:]

115. Fitnessruimte

lange halter (de)	вазна	[vazna]
halters (mv.)	гантел	[gantel]

training machine (de)	дастгоҳи варзишй	[dastgohi varziʃi:]
hometrainer (de)	велотренажёр	[velotrenaʒjɔr]
loopband (de)	роҳи пойга	[rohi pojga]
rekstok (de)	турник	[turnik]
brug (de) gelijke leggers	брус	[brus]
paardsprong (de)	асп	[asp]
mat (de)	гилеми варзишй	[gilemi varziʃi:]
springtouw (het)	частак	[dʒastak]
aerobics (de)	аэробика	[aɛrobika]
yoga (de)	йога	[jɔga]

116. Sporten. Diversen

Olympische Spelen (mv.)	Бозиҳои олимпӣ	[bozihoi olimpi:]
winnaar (de)	ғолиб	[ʁolib]
overwinnen (ww)	ғалаба кардан	[ʁalaba kardan]
winnen (ww)	бурдан	[burdan]
leider (de)	пешсаф	[peʃsaf]
leiden (ww)	пешсаф будан	[peʃsaf budan]
eerste plaats (de)	ҷойи аввал	[dʒoji avval]
tweede plaats (de)	ҷойи дуюм	[dʒoji dujum]
derde plaats (de)	ҷойи сеюм	[dʒoji sejum]
medaille (de)	медал	[medal]
trofee (de)	ғанимат	[ʁanimat]
beker (de)	кубок	[kubok]
prijs (de)	мукофот	[mukofot]
hoofdprijs (de)	мукофоти асосӣ	[mukofoti asosi:]
record (het)	рекорд	[rekord]
een record breken	рекорд нишон додан	[rekord niʃon dodan]
finale (de)	финал	[final]
finale (bn)	финалй	[finali:]
kampioen (de)	чемпион	[tʃempion]
kampioenschap (het)	чемпионат	[tʃempionat]
stadion (het)	варзишгоҳ	[varziʃgoh]
tribune (de)	нишастгоҳ	[niʃastgoh]
fan, supporter (de)	мухлис	[muχlis]
tegenstander (de)	рақиб	[raqib]
start (de)	пилла	[pilla]
finish (de)	марра	[marra]
nederlaag (de)	бохт	[boχt]
verliezen (ww)	бохтан	[boχtan]
rechter (de)	довар	[dovar]
jury (de)	ҳакамон	[hakamon]

stand (~ is 3-1)	ҳисоб	[hisob]
gelijkspel (het)	дуранг	[durang]
in gelijk spel eindigen	бозиро дуранг кардан	[boziro durang kardan]
punt (het)	хол	[χol]
uitslag (de)	натиҷа	[natiʤa]

| periode (de) | қисм | [qism] |
| pauze (de) | танаффус | [tanaffus] |

doping (de)	допинг	[doping]
straffen (ww)	ҷарима андохтан	[ʤarima andoχtan]
diskwalificeren (ww)	маҳрум кардан	[mahrum kardan]

toestel (het)	асбобу олати варзиш	[asbobu olati varziʃ]
speer (de)	найза	[najza]
kogel (de)	гулӯла	[gulœla]
bal (de)	сакқо	[sakqo]

doel (het)	ҳадаф	[hadaf]
schietkaart (de)	ҳадаф, нишон	[hadaf], [niʃon]
schieten (ww)	тир задан	[tir zadan]
precies (bijv. precieze schot)	аниқ	[aniq]

trainer, coach (de)	тренер	[trener]
trainen (ww)	машқ додан	[maʃq dodan]
zich trainen (ww)	машқ кардан	[maʃq kardan]
training (de)	машқ	[maʃq]

gymnastiekzaal (de)	толори варзишӣ	[tolori varziʃi:]
oefening (de)	машқ	[maʃq]
opwarming (de)	гарм кардани бадан	[garm kardani badan]

Onderwijs

117. School

school (de)	мактаб	[maktab]
schooldirecteur (de)	директори мактаб	[direktori maktab]
leerling (de)	талаба	[talaba]
leerlinge (de)	толиба	[toliba]
scholier (de)	мактабхон	[maktabχon]
scholiere (de)	духтари мактабхон	[duχtari maktabχon]
leren (lesgeven)	меомӯзонад	[meomœzonad]
studeren (bijv. een taal ~)	омӯхтан	[omœχtan]
van buiten leren	аз ёд кардан	[az jɔd kardan]
leren (bijv. ~ tellen)	омӯхтан	[omœχtan]
in school zijn	дар мактаб хондан	[dar maktab χondan]
(schooljongen zijn)		
naar school gaan	ба мактаб рафтан	[ba maktab raftan]
alfabet (het)	алифбо	[alifbo]
vak (schoolvak)	фан	[fan]
klaslokaal (het)	синф, дарсхона	[sinf], [darsχona]
les (de)	дарс	[dars]
pauze (de)	танаффус	[tanaffus]
bel (de)	занг	[zang]
schooltafel (de)	парта	[parta]
schoolbord (het)	тахтаи синф	[taχtai sinf]
cijfer (het)	баҳо	[baho]
goed cijfer (het)	баҳои хуб	[bahoi χub]
slecht cijfer (het)	баҳои бад	[bahoi bad]
een cijfer geven	баҳо гузоштан	[baho guzoʃtan]
fout (de)	хато	[χato]
fouten maken	хато кардан	[χato kardan]
corrigeren (fouten ~)	ислоҳ кардан	[isloh kardan]
spiekbriefje (het)	шпаргалка	[ʃpargalka]
huiswerk (het)	вазифаи хонагӣ	[vazifai χonagi:]
oefening (de)	машқ	[maʃq]
aanwezig zijn (ww)	иштирок доштан	[iʃtirok doʃtan]
absent zijn (ww)	набудан	[nabudan]
school verzuimen	ба дарс нарафтан	[ba dars naraftan]
bestraffen (een stout kind ~)	ҷазо додан	[dʒazo dodan]
bestraffing (de)	ҷазо	[dʒazo]

gedrag (het)	рафтор	[raftor]
cijferlijst (de)	рӯзнома	[rœznoma]
potlood (het)	қалам	[qalam]
gom (de)	ластик	[lastik]
krijt (het)	бӯр	[bœr]
pennendoos (de)	қаламдон	[qalamdon]

boekentas (de)	чузвкаш	[dʒuzvkaʃ]
pen (de)	ручка	[rutʃka]
schrift (de)	дафтар	[daftar]
leerboek (het)	китоби дарсӣ	[kitobi darsi:]
passer (de)	паргор	[pargor]

| technisch tekenen (ww) | нақша кашидан | [naqʃa kaʃidan] |
| technische tekening (de) | нақша, тарх | [naqʃa], [tarh] |

gedicht (het)	шеър	[ʃe'r]
van buiten (bw)	аз ёд	[az jɔd]
van buiten leren	аз ёд кардан	[az jɔd kardan]

vakantie (de)	таътил	[ta'til]
met vakantie zijn	дар таътил будан	[dar ta'til budan]
vakantie doorbrengen	таътилро гузаронидан	[ta'tilro guzaronidan]

toets (schriftelijke ~)	кори санчиш	[kori sandʒiʃi:]
opstel (het)	иншо	[inʃo]
dictee (het)	диктант, имло	[diktant], [imlo]
examen (het)	имтихон	[imtihon]
examen afleggen	имтихон супоридан	[imtihon suporidan]
experiment (het)	тачриба, санчиш	[tadʒriba], [sandʒiʃ]

118. Hogeschool. Universiteit

academie (de)	академия	[akademija]
universiteit (de)	университет	[universitet]
faculteit (de)	факулта	[fakulta]

student (de)	донишчӯ	[doniʃdʒœ]
studente (de)	донишчӯ	[doniʃdʒœ]
leraar (de)	устод	[ustod]

| collegezaal (de) | синф | [sinf] |
| afgestudeerde (de) | хатмкунанда | [χatmkunanda] |

| diploma (het) | диплом | [diplom] |
| dissertatie (de) | рисола | [risola] |

| onderzoek (het) | тадқиқот | [tadqiqot] |
| laboratorium (het) | лаборатория | [laboratorija] |

college (het)	лексия	[lekcija]
medestudent (de)	хамкурс	[hamkurs]
studiebeurs (de)	стипендия	[stipendija]
academische graad (de)	унвони илмӣ	[unvoni ilmi:]

119. Wetenschappen. Disciplines

wiskunde (de)	математика	[matematika]
algebra (de)	алгебра, алчабр	[algebra], [aldʒabr]
meetkunde (de)	геометрия	[geometrija]
astronomie (de)	ситорашиносӣ	[sitoraʃinosi:]
biologie (de)	биология, илми ҳаёт	[biologija], [ilmi hajot]
geografie (de)	география	[geografija]
geologie (de)	геология	[geologija]
geschiedenis (de)	таърих	[ta'riχ]
geneeskunde (de)	тиб	[tib]
pedagogiek (de)	омӯзгорӣ	[omœzgori:]
rechten (mv.)	ҳуқуқ	[huquq]
fysica, natuurkunde (de)	физика	[fizika]
scheikunde (de)	химия	[χimija]
filosofie (de)	фалсафа	[falsafa]
psychologie (de)	равоншиносӣ	[ravonʃinosi:]

120. Schrift. Spelling

grammatica (de)	грамматика	[grammatika]
vocabulaire (het)	лексика	[leksika]
fonetiek (de)	савтиёт	[savtijɔt]
zelfstandig naamwoord (het)	исм	[ism]
bijvoeglijk naamwoord (het)	сифат	[sifat]
werkwoord (het)	феъл	[fe'l]
bijwoord (het)	зарф	[zarf]
voornaamwoord (het)	чонишин	[dʒoniʃin]
tussenwerpsel (het)	нидо	[nido]
voorzetsel (het)	пешоянд	[peʃojand]
stam (de)	решаи калима	[reʃai kalima]
achtervoegsel (het)	бандак	[bandak]
voorvoegsel (het)	префикс	[prefiks]
lettergreep (de)	ҳичо	[hidʒo]
achtervoegsel (het)	суффикс	[suffiks]
nadruk (de)	зада	[zada]
afkappingsteken (het)	апостроф	[apostrof]
punt (de)	нуқта	[nuqta]
komma (de/het)	вергул	[vergul]
puntkomma (de)	нуқтаву вергул	[nuqtavu vergul]
dubbelpunt (de)	ду нуқта	[du nuqta]
beletselteken (het)	бисёрнуқта	[bisjɔrnuqta]
vraagteken (het)	аломати савол	[alomati savol]
uitroepteken (het)	аломати хитоб	[alomati χitob]

aanhalingstekens (mv.)	нохунак	[noχunak]
tussen aanhalingstekens (bw)	дар нохунак	[dar noχunak]
haakjes (mv.)	қавсхо	[qavsho]
tussen haakjes (bw)	дар қавс	[dar qavs]

streepje (het)	нимтире	[nimtire]
gedachtestreepje (het)	тире	[tire]
spatie	масофа	[masofa]
(~ tussen twee woorden)		

| letter (de) | ҳарф | [harf] |
| hoofdletter (de) | ҳарфи калон | [harfi kalon] |

| klinker (de) | садонок | [sadonok] |
| medeklinker (de) | овози ҳамсадо | [ovozi hamsado] |

zin (de)	ҷумла	[dʒumla]
onderwerp (het)	мубтадо	[mubtado]
gezegde (het)	хабар	[χabar]

regel (in een tekst)	сатр, хат	[satr], [χat]
op een nieuwe regel (bw)	аз хати нав	[az χati nav]
alinea (de)	сарсатр	[sarsatr]

woord (het)	калима	[kalima]
woordgroep (de)	ибора	[ibora]
uitdrukking (de)	ибора	[ibora]
synoniem (het)	муродиф	[murodif]
antoniem (het)	антоним	[antonim]

regel (de)	қоида	[qoida]
uitzondering (de)	истисно	[istisno]
correct (bijv. ~e spelling)	дуруст	[durust]

vervoeging, conjugatie (de)	тасриф	[tasrif]
verbuiging, declinatie (de)	тасриф	[tasrif]
naamval (de)	ҳолат	[holat]
vraag (de)	савол	[savol]
onderstrepen (ww)	хат кашидан	[χat kaʃidan]
stippellijn (de)	қаторнуқта	[qatornuqta]

121. Vreemde talen

taal (de)	забон	[zabon]
vreemd (bn)	хориҷӣ	[χoridʒi:]
vreemde taal (de)	забони хориҷӣ	[zaboni χoridʒi:]
leren (bijv. van buiten ~)	омӯхтан	[omœχtan]
studeren (Nederlands ~)	омӯхтан	[omœχtan]

lezen (ww)	хондан	[χondan]
spreken (ww)	гап задан	[gap zadan]
begrijpen (ww)	фаҳмидан	[fahmidan]
schrijven (ww)	навиштан	[naviʃtan]
snel (bw)	босуръат	[bosur'at]

| langzaam (bw) | оҳиста | [ohista] |
| vloeiend (bw) | озодона | [ozodona] |

regels (mv.)	қоидаҳо	[qoidaho]
grammatica (de)	грамматика	[grammatika]
vocabulaire (het)	лексика	[leksika]
fonetiek (de)	савтиёт	[savtijɔt]

leerboek (het)	китоби дарсӣ	[kitobi darsi:]
woordenboek (het)	луғат	[luʁat]
leerboek (het) voor zelfstudie	худомӯз	[χudomœz]
taalgids (de)	сӯҳбатнома	[sœhbatnoma]

cassette (de)	кассета	[kasseta]
videocassette (de)	видеокассета	[videokasseta]
CD (de)	CD, диски компактӣ	[ɔɛ], [diski kompakti:]
DVD (de)	DVD-диск	[ɛøɛ-disk]

alfabet (het)	алифбо	[alifbo]
spellen (ww)	ҳарфакӣ гап задан	[harfaki: gap zadan]
uitspraak (de)	талаффуз	[talaffuz]

accent (het)	зада, аксент	[zada], [aksent]
met een accent (bw)	бо аксент	[bo aksent]
zonder accent (bw)	бе аксент	[be aksent]

| woord (het) | калима | [kalima] |
| betekenis (de) | маънӣ, маъно | [ma'ni:], [ma'no] |

cursus (de)	курсҳо, дарсҳо	[kursho], [darsho]
zich inschrijven (ww)	дохил шудан	[doχil ʃudan]
leraar (de)	муаллим	[muallim]

vertaling (een ~ maken)	тарҷума	[tardʒuma]
vertaling (tekst)	тарҷума	[tardʒuma]
vertaler (de)	тарҷумон	[tardʒumon]
tolk (de)	тарҷумон	[tardʒumon]

| polyglot (de) | забондон | [zabondon] |
| geheugen (het) | ҳофиза | [hofiza] |

122. Sprookjesfiguren

Sinterklaas (de)	Бобои барфӣ	[boboi barfi:]
Assepoester (de)	Золушка	[zoluʃka]
zeemeermin (de)	парии обӣ	[pari:i obi:]
Neptunus (de)	Нептун	[neptun]

magiër, tovenaar (de)	сеҳркунанда	[sehrkunanda]
goede heks (de)	зани сеҳркунанда	[zani sehrkunanda]
magisch (bn)	... и сеҳрнок	[i sehrnok]
toverstokje (het)	чӯбчаи сеҳрнок	[tʃœbtʃai sehrnok]
sprookje (het)	афсона	[afsona]
wonder (het)	мӯъҷиза	[mœ'dʒiza]

dwerg (de)	гном	[gnom]
veranderen in ...	табдил ёфтан	[tabdil joftan]
(anders worden)		

geest (de)	шабаҳ	[ʃabah]
spook (het)	шабаҳ	[ʃabah]
monster (het)	дев, аждар	[dev], [aʒdar]
draak (de)	аждар, аждаҳо	[aʒdar], [aʒdaho]
reus (de)	азимҷусса	[azimdʒussa]

123. Dierenriem

Ram (de)	Ҳамал	[hamal]
Stier (de)	Савр	[savr]
Tweelingen (mv.)	Дугоник	[dugonik]
Kreeft (de)	Саратон	[saraton]
Leeuw (de)	Асад	[asad]
Maagd (de)	Ҷавзо	[dʒavzo]

Weegschaal (de)	Мизон	[mizon]
Schorpioen (de)	Аҡраб	[aqrab]
Boogschutter (de)	қавс	[qavs]
Steenbok (de)	Ҷадӣ	[dʒadi:]
Waterman (de)	Далв	[dalv]
Vissen (mv.)	Ҳут	[hut]

karakter (het)	феъл, табиат	[fe'l], [tabiat]
karaktertrekken (mv.)	нишонаҳои хислат	[niʃonahoi χislat]
gedrag (het)	хулқ	[χulq]
waarzeggen (ww)	фол дидан	[fol didan]
waarzegster (de)	фолбин, фолбинзан	[folbin], [folbinzan]
horoscoop (de)	фолнома	[folnoma]

Kunst

124. Theater

theater (het)	театр	[teatr]
opera (de)	опера	[opera]
operette (de)	оперетта	[operetta]
ballet (het)	балет	[balet]
affiche (de/het)	эълоннома	[ɛ'lonnoma]
theatergezelschap (het)	хайат	[hajat]
tournee (de)	сафари хунарй	[safari hunari:]
op tournee zijn	сафари хунарй кардан	[safari hunari: kardan]
repeteren (ww)	машк кардан	[maʃq kardan]
repetitie (de)	машк	[maʃq]
repertoire (het)	репертуар	[repertuar]
voorstelling (de)	намоиш, тамошо	[namoiʃ], [tamoʃo]
spektakel (het)	тамошо	[tamoʃo]
toneelstuk (het)	намоишнома	[namoiʃnoma]
biljet (het)	билет	[bilet]
kassa (de)	кассаи чиптафурӯшй	[kassai ʧiptafurœʃi:]
foyer (de)	толор	[tolor]
garderobe (de)	чевони либос	[ʤevoni libos]
garderobe nummer (het)	нумура	[numura]
verrekijker (de)	дурбин	[durbin]
plaatsaanwijzer (de)	нозир	[nozir]
parterre (de)	партер	[parter]
balkon (het)	балкон	[balkon]
gouden rang (de)	белэтаж	[belɛtaʒ]
loge (de)	ложа, нишем	[loʒa], [niʃem]
rij (de)	катор	[qator]
plaats (de)	чой	[ʤoj]
publiek (het)	тамошобинон	[tamoʃobinon]
kijker (de)	тамошобин	[tamoʃobin]
klappen (ww)	чапакзанй кардан	[ʧapakzani: kardan]
applaus (het)	чапакзанй	[ʧapakzani:]
ovatie (de)	чапакзани пурғулғула	[ʧapakzani purʁulʁula]
toneel (op het ~ staan)	сахна	[sahna]
gordijn, doek (het)	парда	[parda]
toneeldecor (het)	ороиши сахна	[oroiʃi sahna]
backstage (de)	пушти сахна	[puʃti sahna]
scène (de)	намоиш	[namoiʃ]
bedrijf (het)	парда	[parda]
pauze (de)	антракт	[antrakt]

125. Bioscoop

acteur (de)	хунарманд	[hunarmand]
actrice (de)	хунарманд	[hunarmand]
bioscoop (de)	кино, синамо	[kino], [sinamo]
speelfilm (de)	филм	[film]
aflevering (de)	серия	[serija]
detectivefilm (de)	детектив	[detektiv]
actiefilm (de)	ҷангӣ	[dʒangi:]
avonturenfilm (de)	филми пурмоҷаро	[filmi purmodʒaro]
sciencefictionfilm (de)	филми фантастикӣ	[filmi fantastiki:]
griezelfilm (de)	филми даҳшатнок	[filmi dahʃatnok]
komedie (de)	филми ҳаҷвӣ	[filmi hadʒvi:]
melodrama (het)	мелодрама	[melodrama]
drama (het)	драма	[drama]
speelfilm (de)	филми ҳунарӣ	[filmi hunari:]
documentaire (de)	филми ҳуҷҷатӣ	[filmi hudʒdʒati:]
tekenfilm (de)	мултфилм	[multfilm]
stomme film (de)	кинои беовоз	[kinoi beovoz]
rol (de)	нақш	[naqʃ]
hoofdrol (de)	нақши асосӣ	[naqʃi asosi:]
spelen (ww)	бозидан	[bozidan]
filmster (de)	ситораи санъати кино	[sitorai san'ati kino]
bekend (bn)	маъруф	[ma'ruf]
beroemd (bn)	машҳур	[maʃhur]
populair (bn)	маъруф	[ma'ruf]
scenario (het)	филмнома	[filmnoma]
scenarioschrijver (de)	муаллифи сенарий	[muallifi senarij]
regisseur (de)	коргардон	[korgardon]
filmproducent (de)	продюсер	[prodjuser]
assistent (de)	ассистент	[assistent]
cameraman (de)	филмбардор	[filmbardor]
stuntman (de)	каскадёр	[kaskadjor]
stuntdubbel (de)	дублёр	[dubljor]
een film maken	филм гирифтан	[film giriftan]
auditie (de)	санчиш	[sandʒiʃ]
opnamen (mv.)	суратгирӣ	[suratgiri:]
filmploeg (de)	гурӯҳи наворбардорон	[gurœhi navorbardoron]
filmset (de)	саҳнаи наворбардорӣ	[sahnai navorbardori:]
filmcamera (de)	камераи киногирӣ	[kamerai kinogiri:]
bioscoop (de)	кинотеатр	[kinoteatr]
scherm (het)	экран	[ɛkran]
een film vertonen	филм намоиш додан	[film namoiʃ dodan]
geluidsspoor (de)	мавҷи садо	[mavdʒi sado]
speciale effecten (mv.)	эффектҳои махсус	[ɛffekthoi maxsus]

ondertiteling (de)	субтитрҳо	[subtitrho]
voortiteling, aftiteling (de)	титрҳо	[titrho]
vertaling (de)	тарҷума	[tardʒuma]

126. Schilderij

kunst (de)	санъат	[san'at]
schone kunsten (mv.)	саноеи нафиса	[sanoei nafisa]
kunstgalerie (de)	нигористон	[nigoriston]
kunsttentoonstelling (de)	намоишгоҳи расмҳо	[namoiʃgohi rasmho]
schilderkunst (de)	рассомӣ	[rassomi:]
grafiek (de)	графика	[grafika]
abstracte kunst (de)	абстрактсионизм	[abstraktsionizm]
impressionisme (het)	импрессионизм	[impressionizm]
schilderij (het)	расм	[rasm]
tekening (de)	расм	[rasm]
poster (de)	плакат	[plakat]
illustratie (de)	расм, сурат	[rasm], [surat]
miniatuur (de)	миниатюра	[miniatjura]
kopie (de)	нусха	[nusχa]
reproductie (de)	нусхаи чопии сурат	[nusχai tʃopi:i surat]
mozaïek (het)	кошинкорӣ	[koʃinkori:]
gebrandschilderd glas (het)	витраж	[vitraʒ]
fresco (het)	фреска	[freska]
gravure (de)	расми кандакорӣ	[rasmi kandakori:]
buste (de)	бюст	[bjust]
beeldhouwwerk (het)	ҳайкал	[hajkal]
beeld (bronzen ~)	ҳайкал	[hajkal]
gips (het)	гач	[gatʃ]
gipsen (bn)	аз гач	[az gatʃ]
portret (het)	портрет	[portret]
zelfportret (het)	автопортрет	[avtoportret]
landschap (het)	манзара	[manzara]
stilleven (het)	натюрморт	[natjurmort]
karikatuur (de)	карикатура	[karikatura]
schets (de)	қайдҳои хомакӣ	[qajdhoi χomaki:]
verf (de)	ранг	[rang]
aquarel (de)	акварел	[akvarel]
olieverf (de)	равған	[ravʁan]
potlood (het)	қалам	[qalam]
Oostindische inkt (de)	туш	[tuʃ]
houtskool (de)	сиёҳқалам	[sijɔhqalam]
tekenen (met krijt)	расм кашидан	[rasm kaʃidan]
schilderen (ww)	расм кашидан	[rasm kaʃidan]
poseren (ww)	ба таври махсус истодан	[ba tavri maχsus istodan]
naaktmodel (man)	марди модел	[mardi model]

naaktmodel (vrouw)	зани модел	[zani model]
kunstenaar (de)	рассом	[rassom]
kunstwerk (het)	асар	[asar]
meesterwerk (het)	шоҳасар	[ʃohasar]
studio, werkruimte (de)	коргоҳи рассом	[korgohi rassom]
schildersdoek (het)	холст	[χolst]
schildersezel (de)	сепояи рассомӣ	[sepojai rassomi:]
palet (het)	лавҳачаи рассомӣ	[lavhatʃai rassomi:]
lijst (een vergulde ~)	чорчӯба	[tʃortʃœba]
restauratie (de)	таъмир	[ta'mir]
restaureren (ww)	таъмир кардан	[ta'mir kardan]

127. Literatuur & Poëzie

literatuur (de)	адабиёт	[adabijɔt]
auteur (de)	муаллиф	[muallif]
pseudoniem (het)	тахаллус	[taχallus]
boek (het)	китоб	[kitob]
boekdeel (het)	чилд	[dʒild]
inhoudsopgave (de)	мундарича	[mundaridʒa]
pagina (de)	саҳифа	[sahifa]
hoofdpersoon (de)	қаҳрамони асосӣ	[qahramoni asosi:]
handtekening (de)	автограф	[avtograf]
verhaal (het)	ҳикоя, ҳикоят	[hikoja], [hikojat]
novelle (de)	нақл	[naql]
roman (de)	роман	[roman]
werk (literatuur)	асар	[asar]
fabel (de)	масал, матал	[masal], [matal]
detectiveroman (de)	детектив	[detektiv]
gedicht (het)	шеър	[ʃe'r]
poëzie (de)	назм	[nazm]
epos (het)	достон	[doston]
dichter (de)	шоир	[ʃoir]
fictie (de)	адабиёти мансур	[adabijɔti mansur]
sciencefiction (de)	фантастикаи илмӣ	[fantastikai ilmi:]
avonturenroman (de)	саргузаштҳо	[sarguzaʃtho]
opvoedkundige literatuur (de)	адабиёти таълимӣ	[adabijɔti ta'limi:]
kinderliteratuur (de)	адабиёти кӯдакона	[adabijɔti kœdakona]

128. Circus

circus (de/het)	сирк	[sirk]
chapiteau circus (de/het)	сирки шапито	[sirki ʃapito]
programma (het)	барнома	[barnoma]
voorstelling (de)	намоиш, тамошо	[namoiʃ], [tamoʃo]
nummer (circus ~)	баромад	[baromad]

arena (de)	саҳнаи сирк	[sahnai sirk]
pantomime (de)	пантомима	[pantomima]
clown (de)	масхарабоз	[masχaraboz]
acrobaat (de)	дорбоз, акробат	[dorboz], [akrobat]
acrobatiek (de)	дорбоза, акробатика	[dorboza], [akrobatika]
gymnast (de)	гимнаст	[gimnast]
gymnastiek (de)	гимнастика	[gimnastika]
salto (de)	салто	[salto]
sterke man (de)	паҳлавон	[pahlavon]
temmer (de)	ромкунанда, дастомӯз кунанда	[romkunanda], [dastomœz kunanda]
ruiter (de)	човандоз	[ʧovandoz]
assistent (de)	ассистент	[assistent]
stunt (de)	найранг, ҳила	[najrang], [hila]
goocheltruc (de)	найрангбозӣ	[najrangbozi:]
goochelaar (de)	найрангбоз	[najrangboz]
jongleur (de)	жонглёр	[ʒongljɔr]
jongleren (ww)	жонглёрй кардан	[ʒongljɔrj kardan]
dierentrainer (de)	ромкунанда	[romkunanda]
dressuur (de)	ром кардан	[rom kardan]
dresseren (ww)	ром кардан	[rom kardan]

129. Muziek. Popmuziek

muziek (de)	мусиқӣ	[musiqi:]
muzikant (de)	мусиқачӣ	[musiqaʧi:]
muziekinstrument (het)	асбоби мусиқӣ	[asbobi musiqi:]
spelen (bijv. gitaar ~)	навохтан	[navoχtan]
gitaar (de)	гитара	[gitara]
viool (de)	скрипка	[skripka]
cello (de)	виолончел	[violonʧel]
contrabas (de)	контрабас	[kontrabas]
harp (de)	уд	[ud]
piano (de)	пианино	[pianino]
vleugel (de)	роял	[rojal]
orgel (het)	арғунун	[arʁunun]
hobo (de)	гобой, сурнай	[goboj], [surnaj]
saxofoon (de)	саксофон	[saksofon]
klarinet (de)	кларнет, сурнай	[klarnet], [surnaj]
fluit (de)	най	[naj]
trompet (de)	карнай	[karnaj]
accordeon (de/het)	аккордеон	[akkordeon]
trommel (de)	накора, табл	[nakora], [tabl]
trio (het)	трио	[trio]
kwartet (het)	квартет	[kvartet]

| koor (het) | хор | [χor] |
| orkest (het) | оркестр | [orkestr] |

popmuziek (de)	поп-мусиқӣ	[pop-musiqi:]
rockmuziek (de)	рок-мусиқӣ	[rok-musiqi:]
rockgroep (de)	рок-даста	[rok-dasta]
jazz (de)	ҷаз	[ʤaz]

| idool (het) | бут, санам | [but], [sanam] |
| bewonderaar (de) | мухлис | [muχlis] |

concert (het)	консерт	[konsert]
symfonie (de)	симфония	[simfonija]
compositie (de)	тасниф	[tasnif]
componeren (muziek ~)	навиштан	[naviʃtan]

zang (de)	овозхонӣ	[ovozχoni:]
lied (het)	суруд	[surud]
melodie (de)	оҳанг	[ohang]
ritme (het)	вазн, усул	[vazn], [usul]
blues (de)	блюз	[bljuz]

bladmuziek (de)	нотаҳо	[notaho]
dirigeerstok (baton)	чӯбчаи дирижёрӣ	[ʧœbʧai diriʒjɔri:]
strijkstok (de)	камонча	[kamonʧa]
snaar (de)	тор	[tor]
koffer (de)	ғилоф	[ʁilof]

Rusten. Entertainment. Reizen

130. Trip. Reizen

toerisme (het)	туризм, саёхат	[turizm], [sajɔχat]
toerist (de)	саёхатчй	[sajɔhattʃi:]
reis (de)	саёхат	[sajɔhat]
avontuur (het)	саргузашт	[sarguzaʃt]
tocht (de)	сафар	[safar]
vakantie (de)	рухсатй	[ruχsati:]
met vakantie zijn	дар рухсатй будан	[dar ruχsati: budan]
rust (de)	истирохат	[istirohat]
trein (de)	поезд, қатор	[poezd], [qator]
met de trein	бо қатора	[bo qatora]
vliegtuig (het)	ҳавопаймо	[havopajmo]
met het vliegtuig	бо ҳавопаймо	[bo havopajmo]
met de auto	бо мошин	[bo moʃin]
per schip (bw)	бо киштй	[bo kiʃti:]
bagage (de)	бағоҷ, бор	[baʁodʒ], [bor]
valies (de)	ҷомадон	[dʒomadon]
bagagekarretje (het)	аробаи боғочкашй	[arobai boʁotʃkaʃi:]
paspoort (het)	шиноснома	[ʃinosnoma]
visum (het)	виза	[viza]
kaartje (het)	билет	[bilet]
vliegticket (het)	чиптаи ҳавопаймо	[tʃiptai havopajmo]
reisgids (de)	роҳнома	[rohnoma]
kaart (de)	харита	[χarita]
gebied (landelijk ~)	ҷой, маҳал	[dʒoj], [mahal]
plaats (de)	ҷой	[dʒoj]
exotische bestemming (de)	ғароибот	[ʁaroibot]
exotisch (bn)	… и ғароиб	[i ʁaroib]
verwonderlijk (bn)	ҳайратангез	[hajratangez]
groep (de)	гурӯҳ	[gurœh]
rondleiding (de)	экскурсия, саёхат	[ɛkskursija], [sajɔhat]
gids (de)	роҳбари экскурсия	[rohbari ɛkskursija]

131. Hotel

hotel (het)	меҳмонхона	[mehmonχona]
motel (het)	меҳмонхона	[mehmonχona]
3-sterren	се ситорадор	[se sitorador]

| 5-sterren | панҷ ситорадор | [pandʒ sitorador] |
| overnachten (ww) | фуромадан | [furomadan] |

kamer (de)	хуҷра	[hudʒra]
eenpersoonskamer (de)	хуҷраи якнафара	[hudʒrai jaknafara]
tweepersoonskamer (de)	хуҷраи дунафара	[hudʒrai dunafara]
een kamer reserveren	банд кардани хуҷра	[band kardani hudʒra]

| halfpension (het) | бо нимтаъминот | [bo nimta'minot] |
| volpension (het) | бо таъминоти пурра | [bo ta'minoti purra] |

met badkamer	ваннадор	[vannador]
met douche	душдор	[duʃdor]
satelliet-tv (de)	телевизиони спутникӣ	[televizioni sputniki:]
airconditioner (de)	кондитсионер	[konditsioner]
handdoek (de)	сачоқ	[satʃoq]
sleutel (de)	калид	[kalid]

administrateur (de)	маъмур, мудир	[ma'mur], [mudir]
kamermeisje (het)	пешхизмат	[peʃxizmat]
piccolo (de)	ҳаммол	[hammol]
portier (de)	дарбони меҳмонхона	[darboni mehmonxona]

restaurant (het)	тарабхона	[tarabxona]
bar (de)	бар	[bar]
ontbijt (het)	ношишта	[noniʃta]
avondeten (het)	шом	[ʃom]
buffet (het)	мизи шведӣ	[mizi ʃvedi:]

| hal (de) | миёнсарой | [mijɔnsaroj] |
| lift (de) | лифт | [lift] |

| NIET STOREN | ХАЛАЛ НАРАСОНЕД | [xalal narasoned] |
| VERBODEN TE ROKEN! | ТАМОКУ НАКАШЕД! | [tamoku nakaʃed] |

132. Boeken. Lezen

boek (het)	китоб	[kitob]
auteur (de)	муаллиф	[muallif]
schrijver (de)	нависанда	[navisanda]
schrijven (een boek)	навиштан	[naviʃtan]

lezer (de)	хонанда	[xonanda]
lezen (ww)	хондан	[xondan]
lezen (het)	хониш	[xoniʃ]

| stil (~ lezen) | ба дили худ | [ba dili xud] |
| hardop (~ lezen) | бо овози баланд | [bo ovozi baland] |

uitgeven (boek ~)	нашр кардан	[naʃr kardan]
uitgeven (het)	нашр	[naʃr]
uitgever (de)	ношир	[noʃir]
uitgeverij (de)	нашриёт	[naʃrijɔt]
verschijnen (bijv. boek)	нашр шудан	[naʃr ʃudan]

121

| verschijnen (het) | аз чоп баромадани | [az tʃop baromadani] |
| oplage (de) | адади нашр | [adadi naʃr] |

| boekhandel (de) | мағозаи китоб | [maʁozai kitob] |
| bibliotheek (de) | китобхона | [kitobχona] |

novelle (de)	нақл	[naql]
verhaal (het)	ҳикоя, ҳикоят	[hikoja], [hikojat]
roman (de)	роман	[roman]
detectiveroman (de)	детектив	[detektiv]

memoires (mv.)	хотираҳо	[χotiraho]
legende (de)	афсона	[afsona]
mythe (de)	асотир, қисса	[asotir], [qissa]

gedichten (mv.)	шеърҳо	[ʃe'rho]
autobiografie (de)	тарҷумаи ҳоли худ, автобиография	[tardʒumai holi χud], [avtobiografija]
bloemlezing (de)	асарҳои мунтахаб	[asarhoi muntaχab]
sciencefiction (de)	фантастика	[fantastika]

naam (de)	ном	[nom]
inleiding (de)	муқаддима	[muqaddima]
voorblad (het)	варақаи унвон	[varaqai unvon]

hoofdstuk (het)	ҷузъи китоб	[dʒuz'i kitob]
fragment (het)	порча	[portʃa]
episode (de)	лавҳа	[lavha]

intrige (de)	сюжет	[sjuʒet]
inhoud (de)	мундариҷа	[mundaridʒa]
inhoudsopgave (de)	мундариҷа	[mundaridʒa]
hoofdpersonage (het)	қаҳрамони асосӣ	[qahramoni asosi:]

boekdeel (het)	ҷилд	[dʒild]
omslag (de/het)	муқова	[mukova]
boekband (de)	муқова	[muqova]
bladwijzer (de)	хатчӯб, чӯбалиф	[χattʃœb], [tʃœbalif]

pagina (de)	саҳифа	[sahifa]
bladeren (ww)	варак задан	[varak zadan]
marges (mv.)	ҳошия	[hoʃija]
annotatie (de)	нишона	[niʃona]
opmerking (de)	поварақ	[povaraq]

tekst (de)	матн	[matn]
lettertype (het)	ҳуруф	[huruf]
drukfout (de)	саҳв, ғалат	[sahv], [ʁalat]

vertaling (de)	тарҷума	[tardʒuma]
vertalen (ww)	тарҷума кардан	[tardʒuma kardan]
origineel (het)	матни асл	[matni asl]

beroemd (bn)	машхур	[maʃhur]
onbekend (bn)	номаъруф	[noma'ruf]
interessant (bn)	шавқовар	[ʃavqovar]

bestseller (de)	бестселлер	[bestseller]
woordenboek (het)	луғат	[luʁat]
leerboek (het)	китоби дарсӣ	[kitobi darsi:]
encyclopedie (de)	энсиклопедия	[ɛnsiklopedija]

133. Jacht. Vissen

jacht (de)	шикор, сайд	[ʃikor], [sajd]
jagen (ww)	шикор кардан	[ʃikor kardan]
jager (de)	шикорчӣ	[ʃikortʃi:]

schieten (ww)	тир задан	[tir zadan]
geweer (het)	милтиқ	[miltiq]
patroon (de)	тир	[tir]
hagel (de)	сочма	[sotʃma]

val (de)	қапқон	[qapqon]
valstrik (de)	дом	[dom]
in de val trappen	ба қапқон афтодан	[ba qapqon aftodan]
een val zetten	қапқон мондан	[qapqon mondan]

stroper (de)	қӯруқшикан	[qœruqʃikan]
wild (het)	сайд	[sajd]
jachthond (de)	саги шикорӣ	[sagi ʃikori:]
safari (de)	сафари	[safari]
opgezet dier (het)	хӯса	[xœsa]

visser (de)	моҳигир	[mohigir]
visvangst (de)	моҳигирӣ	[mohigiri:]
vissen (ww)	моҳӣ гирифтан	[mohi: giriftan]

hengel (de)	шаст	[ʃast]
vislijn (de)	ресмони шаст	[resmoni ʃast]
haak (de)	қалмок	[qalmok]
dobber (de)	ғаммозак	[ʁammozak]
aas (het)	хӯрхӯрак	[xœrxœrak]

| de hengel uitwerpen | шаст партофтан | [ʃast partoftan] |
| bijten (ov. de vissen) | нул задан | [nul zadan] |

| vangst (de) | сайди моҳӣ | [sajdi mohi:] |
| wak (het) | яхбурча | [jaxburtʃa] |

| net (het) | тӯр | [tœr] |
| boot (de) | қаиқ | [qaiq] |

vissen met netten	бо тӯр доштан	[bo tœr doʃtan]
het net uitwerpen	тӯр партофтан	[tœr partoftan]
het net binnenhalen	тӯр кашидан	[tœr kaʃidan]
in het net vallen	ба тӯр афтодан	[ba tœr aftodan]

walvisvangst (de)	шикори китҳо	[ʃikori kitho]
walvisvaarder (de)	киштии шикори китҳо	[kiʃti:i ʃikori kitho]
harpoen (de)	соскан	[soskan]

134. Spellen. Biljart

biljart (het)	билярдбозй	[biljardbozi:]
biljartzaal (de)	толори саққобозй	[tolori saqqobozi:]
biljartbal (de)	саққо	[saqqo]
een bal in het gat jagen	даровардани саққо	[darovardani saqqo]
keu (de)	кий	[kij]
gat (het)	тӯрхалтаи билярд	[tœrχaltai biljard]

135. Spellen. Speelkaarten

ruiten (mv.)	қартаҳои хишт	[qartahoi χiʃt]
schoppen (mv.)	қарамашшоқ	[qaramaʃʃoq]
klaveren (mv.)	дил	[dil]
harten (mv.)	қартаҳои чилликхол	[qartahoi tʃillikχol]
aas (de)	зот	[zot]
koning (de)	шоҳ	[ʃoh]
dame (de)	модка	[modka]
boer (de)	валет	[valet]
speelkaart (de)	картаи бозй	[kartai bozi:]
kaarten (mv.)	қарта	[qarta]
troef (de)	кузур	[kuzur]
pak (het) kaarten	дастаи қарта	[dastai qarta]
punt (bijv. vijftig ~en)	хол	[χol]
uitdelen (kaarten ~)	кашидан	[kaʃidan]
schudden (de kaarten ~)	тагу рӯ кардан	[tagu rœ kardan]
beurt (de)	гашт	[gaʃt]
valsspeler (de)	қаллоб, ғиром	[qallob], [ʁirom]

136. Rusten. Spellen. Diversen

wandelen (on.ww.)	сайр кардан	[sajr kardan]
wandeling (de)	гардиш, гашт	[gardiʃ], [gaʃt]
trip (per auto)	сайрон	[sajron]
avontuur (het)	саргузашт	[sarguzaʃt]
picknick (de)	пикник	[piknik]
spel (het)	бозй	[bozi:]
speler (de)	бозингар	[bozingar]
partij (de)	як бор бозй	[jak bor bozi:]
collectioneur (de)	коллексионер	[kolleksioner]
collectioneren (ww)	коллексия кардан	[kolleksija kardan]
collectie (de)	коллексия	[kolleksija]
kruiswoordraadsel (het)	кроссворд	[krossvord]
hippodroom (de)	ипподром	[ippodrom]

discotheek (de)	дискотека	[diskoteka]
sauna (de)	сауна, ҳаммом	[sauna], [hammom]
loterij (de)	лотерея	[lotereja]

trektocht (kampeertocht)	роҳпаймой	[rohpajmoi:]
kamp (het)	лагер	[lager]
tent (de)	хаймаи сайёҳон	[χajmai sajjɔhon]
kompas (het)	компас, қутбнамо	[kompas], [qutbnamo]
rugzaktoerist (de)	сайёҳ, турист	[sajjɔh], [turist]

bekijken (een film ~)	нигоҳ кардан	[nigoh kardan]
kijker (televisie~)	бинанда	[binanda]
televisie-uitzending (de)	теленамоиш	[telenamoiʃ]

137. Fotografie

| fotocamera (de) | фотоаппарат | [fotoapparat] |
| foto (de) | акс, сурат | [aks], [surat] |

fotograaf (de)	суратгир	[suratgir]
fotostudio (de)	фотостудия	[fotostudija]
fotoalbum (het)	албоми сурат	[albomi surat]

lens (de), objectief (het)	объектив	[ob'ektiv]
telelens (de)	телеобъектив	[teleob'ektiv]
filter (de/het)	филтр	[filtr]
lens (de)	линза	[linza]

optiek (de)	оптика	[optika]
diafragma (het)	диафрагма	[diafragma]
belichtingstijd (de)	дошт	[doʃt]
zoeker (de)	манзарачӯ	[manzaradʒœ]
digitale camera (de)	суратгираки рақамӣ	[suratgiraki raqami:]
statief (het)	поя	[poja]
flits (de)	чароғак	[tʃaroʁak]

fotograferen (ww)	сурат гирифтан	[surat giriftan]
kieken (foto's maken)	сурат гирифтан	[surat giriftan]
zich laten fotograferen	сурати худро гирондан	[surati χudro girondan]

focus (de)	фокус	[fokus]
scherpstellen (ww)	ба рангҳои баланд мондан	[ba ranghoi baland mondan]
scherp (bn)	баланд	[baland]
scherpte (de)	баланди ранг	[balandi rang]

| contrast (het) | акс | [aks] |
| contrastrijk (bn) | возеҳ | [vozeh] |

kiekje (het)	сурат	[surat]
negatief (het)	негатив	[negativ]
filmpje (het)	фотонавор	[fotonavor]
beeld (frame)	кадр	[kadr]
afdrukken (foto's ~)	чоп кардан	[tʃop kardan]

138. Strand. Zwemmen

strand (het)	пляж	[pljaʒ]
zand (het)	рег	[reg]
leeg (~ strand)	хилват	[χilvat]

bruine kleur (de)	офтобхӯрӣ	[oftobχœri:]
zonnebaden (ww)	гандумгун шудан	[gandumgun ʃudan]
gebruind (bn)	гандумгун	[gandumgun]
zonnecrème (de)	креми офтобхӯрӣ	[kremi oftobχœri:]

bikini (de)	бикини	[bikini]
badpak (het)	либоси оббозӣ	[libosi obbozi:]
zwembroek (de)	плавка	[plavka]

zwembad (het)	ҳавз	[havz]
zwemmen (ww)	шино кардан	[ʃino kardan]
zich omkleden (ww)	либоси дигар пӯшидан	[libosi digar pœʃidan]
handdoek (de)	сачоқ	[satʃoq]

boot (de)	қаиқ	[qaiq]
motorboot (de)	катер	[kater]

waterski's (mv.)	лижаҳои обӣ	[liʒahoi obi:]
waterfiets (de)	велосипеди обӣ	[velosipedi obi:]
surfen (het)	серфинг	[serfing]
surfer (de)	серфингчӣ	[serfingtʃi:]

scuba, aqualong (de)	акваланг	[akvalang]
zwemvliezen (mv.)	ластҳо	[lastho]
duikmasker (het)	ниқоб	[niqob]
duiker (de)	ғӯтазан	[ʁœtazan]
duiken (ww)	ғӯта задан	[ʁœta zadan]
onder water (bw)	таги об	[tagi ob]

parasol (de)	чатр	[tʃatr]
ligstoel (de)	шезлонг	[ʃezlong]
zonnebril (de)	айнаки сиёҳ	[ajnaki sijoh]
luchtmatras (de/het)	матраси оббозӣ	[matrasi obbozi:]

spelen (ww)	бозӣ кардан	[bozi: kardan]
gaan zwemmen (ww)	оббозӣ кардан	[obbozi: kardan]

bal (de)	тӯб	[tœb]
opblazen (oppompen)	дам кардан	[dam kardan]
lucht-, opblaasbare (bn)	дамшаванда	[damʃavanda]

golf (hoge ~)	мавҷ	[mavdʒ]
boei (de)	шиноварак	[ʃinovarak]
verdrinken (ww)	ғарк шудан	[ʁark ʃudan]

redden (ww)	наҷот додан	[nadʒot dodan]
reddingsvest (de)	камзӯли наҷотдиҳанда	[kamzœli nadʒotdihanda]
waarnemen (ww)	назорат кардан	[nazorat kardan]
redder (de)	наҷотдиҳанда	[nadʒotdihanda]

TECHNISCHE APPARATUUR. VERVOER

Technische apparatuur

139. Computer

computer (de)	компютер	[kompjuter]
laptop (de)	ноутбук	[noutbuk]
aanzetten (ww)	даргирондан	[dargirondan]
uitzetten (ww)	куштан	[kuʃtan]
toetsenbord (het)	клавиатура	[klaviatura]
toets (enter~)	тугмача	[tugmatʃa]
muis (de)	муш	[muʃ]
muismat (de)	гилемчаи муш	[gilemtʃai muʃ]
knopje (het)	тугмача	[tugmatʃa]
cursor (de)	курсор	[kursor]
monitor (de)	монитор	[monitor]
scherm (het)	экран	[ɛkran]
harde schijf (de)	диски сахт	[diski saχt]
volume (het) van de harde schijf	ҳаҷми диски сахт	[hadʒmi diski saχt]
geheugen (het)	хофиза	[hofiza]
RAM-geheugen (het)	хотираи фаврӣ	[χotirai favri:]
bestand (het)	файл	[fajl]
folder (de)	папка	[papka]
openen (ww)	кушодан	[kuʃodan]
sluiten (ww)	пӯшидан, бастан	[pœʃidan], [bastan]
opslaan (ww)	нигоҳ доштан	[nigoh doʃtan]
verwijderen (wissen)	нобуд кардан	[nobud kardan]
kopiëren (ww)	нусха бардоштан	[nusχa bardoʃtan]
sorteren (ww)	ба хелҳо ҷудо кардан	[ba χelho dʒudo kardan]
overplaatsen (ww)	аз нав навиштан	[az nav naviʃtan]
programma (het)	барнома	[barnoma]
software (de)	барномаи таъминотӣ	[barnomai ta'minoti:]
programmeur (de)	барномасоз	[barnomasoz]
programmeren (ww)	барномасозӣ кардан	[barnomasozi: kardan]
hacker (computerkraker)	хакер	[χaker]
wachtwoord (het)	рамз	[ramz]
virus (het)	вирус	[virus]
ontdekken (virus ~)	кашф кардан	[kaʃf kardan]

| byte (de) | байт | [bajt] |
| megabyte (de) | мегабайт | [megabajt] |

| data (de) | маълумот | [ma'lumot] |
| databank (de) | манбаи маълумот | [manbai ma'lumot] |

kabel (USB-~, enz.)	кабел	[kabel]
afsluiten (ww)	чудо кардан	[dʒudo kardan]
aansluiten op (ww)	васл кардан	[vasl kardan]

140. Internet. E-mail

internet (het)	интернет	[internet]
browser (de)	браузер	[brauzer]
zoekmachine (de)	манбаи чустучӯкунанда	[manbai dʒustudʒœkunanda]
internetprovider (de)	провайдер	[provajder]

webmaster (de)	веб-мастер	[veb-master]
website (de)	веб-сомона	[veb-somona]
webpagina (de)	веб-сахифа	[veb-sahifa]

| adres (het) | адрес, унвон | [adres], [unvon] |
| adresboek (het) | дафтари адресхо | [daftari adresho] |

postvak (het)	куттии почта	[qutti:i potʃta]
post (de)	почта	[potʃta]
vol (~ postvak)	пур	[pur]

bericht (het)	хабар	[χabar]
binnenkomende berichten (mv.)	хабари дароянда	[χabari darojanda]
uitgaande berichten (mv.)	хабари бароянда	[χabari barojanda]

verzender (de)	ирсолкунанда	[irsolkunanda]
verzenden (ww)	ирсол кардан	[irsol kardan]
verzending (de)	ирсол	[irsol]

| ontvanger (de) | гиранда | [giranda] |
| ontvangen (ww) | гирифтан | [giriftan] |

| correspondentie (de) | мукотиба | [mukotiba] |
| corresponderen (met …) | мукотиба доштан | [mukotiba doʃtan] |

bestand (het)	файл	[fajl]
downloaden (ww)	нусха бардоштан	[nusχa bardoʃtan]
creëren (ww)	сохтан	[soχtan]
verwijderen (een bestand ~)	нобуд кардан	[nobud kardan]
verwijderd (bn)	нобудшуда	[nobudʃuda]

verbinding (de)	алока	[aloqa]
snelheid (de)	суръат	[sur'at]
modem (de)	модем	[modem]
toegang (de)	даромадан	[daromadan]
poort (de)	порт	[port]

| aansluiting (de) | пайвастан | [pajvastan] |
| zich aansluiten (ww) | пайваст шудан | [pajvast ʃudan] |

| selecteren (ww) | интихоб кардан | [intiχob kardan] |
| zoeken (ww) | ҷустан | [dʒustan] |

Vervoer

141. Vliegtuig

vliegtuig (het)	ҳавопаймо	[havopajmo]
vliegticket (het)	чиптаи ҳавопаймо	[tʃiptai havopajmo]
luchtvaartmaatschappij (de)	ширкати ҳавопаймой	[ʃirkati havopajmoi:]
luchthaven (de)	аэропорт	[aɛroport]
supersonisch (bn)	фавқуссадо	[favqussado]
gezagvoerder (de)	фармондеҳи киштӣ	[farmondehi kiʃti:]
bemanning (de)	экипаж	[ɛkipaʒ]
piloot (de)	сарнишин	[sarniʃin]
stewardess (de)	стюардесса	[stjuardessa]
stuurman (de)	штурман	[ʃturman]
vleugels (mv.)	қанот	[qanot]
staart (de)	дум	[dum]
cabine (de)	кабина	[kabina]
motor (de)	муҳаррик	[muharrik]
landingsgestel (het)	шассӣ	[ʃassi:]
turbine (de)	турбина	[turbina]
propeller (de)	пропеллер	[propeller]
zwarte doos (de)	қуттии сиёҳ	[qutti:i sijɔh]
stuur (het)	суккон	[sukkon]
brandstof (de)	сӯзишворӣ	[sœziʃvori:]
veiligheidskaart (de)	дастурамали бехатарӣ	[dasturamali beχatari:]
zuurstofmasker (het)	ниқоби ҳавои тоза	[niqobi havoi toza]
uniform (het)	либоси расмӣ	[libosi rasmi:]
reddingsvest (de)	камзӯли начотдиҳанда	[kamzœli nadʒotdihanda]
parachute (de)	парашют	[paraʃjut]
opstijgen (het)	парвоз	[parvoz]
opstijgen (ww)	парвоз кардан	[parvoz kardan]
startbaan (de)	хати парвоз	[χati parvoz]
zicht (het)	софии ҳаво	[sofi:i havo]
vlucht (de)	парвоз	[parvoz]
hoogte (de)	баландӣ	[balandi:]
luchtzak (de)	чоҳи ҳаво	[tʃohi havo]
plaats (de)	чой	[dʒoj]
koptelefoon (de)	гӯшак, гӯшпӯшак	[gœʃak], [gœʃpœʃak]
tafeltje (het)	мизчаи вошаванда	[miztʃai voʃavanda]
venster (het)	иллюминатор	[illjuminator]
gangpad (het)	гузаргоҳ	[guzargoh]

142. Trein

trein (de)	поезд, қатор	[poezd], [qator]
elektrische trein (de)	қатораи барқӣ	[qatorai barqi:]
sneltrein (de)	қатораи тезгард	[qatorai tezgard]
diesellocomotief (de)	тепловоз	[teplovoz]
locomotief (de)	паровоз	[parovoz]
rijtuig (het)	вагон	[vagon]
restauratierijtuig (het)	вагон-ресторан	[vagon-restoran]
rails (mv.)	релсхо	[relsho]
spoorweg (de)	роҳи оҳан	[rohi ohan]
dwarsligger (de)	шпала	[ʃpala]
perron (het)	платформа	[platforma]
spoor (het)	роҳ	[roh]
semafoor (de)	семафор	[semafor]
halte (bijv. kleine treinhalte)	истгоҳ	[istgoh]
machinist (de)	мошинист	[moʃinist]
kruier (de)	ҳаммол	[hammol]
conducteur (de)	роҳбалад	[rohbalad]
passagier (de)	мусофир	[musofir]
controleur (de)	нозир	[nozir]
gang (in een trein)	коридор	[koridor]
noodrem (de)	стоп-кран	[stop-kran]
coupé (de)	купе	[kupe]
bed (slaapplaats)	кат	[kat]
bovenste bed (het)	кати боло	[kati bolo]
onderste bed (het)	кати поён	[kati pojon]
beddengoed (het)	чилдҳои болишту бистар	[dʒildhoi boliʃtu bistar]
kaartje (het)	билет	[bilet]
dienstregeling (de)	чадвал	[dʒadval]
informatiebord (het)	чадвал	[dʒadval]
vertrekken (De trein vertrekt …)	дур шудан	[dur ʃudan]
vertrek (ov. een trein)	равон кардан	[ravon kardan]
aankomen (ov. de treinen)	омадан	[omadan]
aankomst (de)	омадан	[omadan]
aankomen per trein	бо қатора омадан	[bo qatora omadan]
in de trein stappen	ба қатора нишастан	[ba qatora niʃastan]
uit de trein stappen	фаромадан	[faromadan]
treinwrak (het)	садама	[sadama]
ontspoord zijn	аз релс баромадан	[az rels baromadan]
locomotief (de)	паровоз	[parovoz]
stoker (de)	алавмон	[alavmon]
stookplaats (de)	оташдон	[otaʃdon]
steenkool (de)	ангишт	[angiʃt]

143. Schip

schip (het)	кишти̅	[kiʃti:]
vaartuig (het)	кишти̅	[kiʃti:]
stoomboot (de)	пароход	[paroχod]
motorschip (het)	теплоход	[teploχod]
lijnschip (het)	лайнер	[lajner]
kruiser (de)	крейсер	[krejser]
jacht (het)	яхта	[jaχta]
sleepboot (de)	таноби ядак	[tanobi jadak]
duwbak (de)	баржа	[barʒa]
ferryboot (de)	паром	[parom]
zeilboot (de)	киштии бодбондор	[kiʃti:i bodbondor]
brigantijn (de)	бригантина	[brigantina]
IJsbreker (de)	киштии яхшикан	[kiʃti:i jaχʃikan]
duikboot (de)	киштии зериоби̅	[kiʃti:i zeriobi:]
boot (de)	қаиқ	[qaiq]
sloep (de)	қаиқ	[qaiq]
reddingssloep (de)	заврақи начот	[zavraqi nadʒot]
motorboot (de)	катер	[kater]
kapitein (de)	капитан	[kapitan]
zeeman (de)	баҳрчи̅, маллоҳ	[bahrʧi:], [malloh]
matroos (de)	баҳрчи̅	[bahrʧi:]
bemanning (de)	экипаж	[ɛkipaʒ]
bootsman (de)	ботсман	[botsman]
scheepsjongen (de)	маллоҳбача	[mallohbaʧa]
kok (de)	кок, ошпази кишти̅	[kok], [oʃpazi kiʃti:]
scheepsarts (de)	духтури кишти̅	[duχturi kiʃti:]
dek (het)	саҳни кишти̅	[sahni kiʃti:]
mast (de)	сутуни кишти̅	[sutuni kiʃti:]
zeil (het)	бодбон	[bodbon]
ruim (het)	таҳхонаи кишти̅	[tahχonai kiʃti:]
voorsteven (de)	сари кишти	[sari kiʃti]
achtersteven (de)	думи кишти̅	[dumi kiʃti:]
roeispaan (de)	бели заврақ	[beli zavraq]
schroef (de)	винт	[vint]
kajuit (de)	каюта	[kajuta]
officierskamer (de)	кают-компания	[kajut-kompanija]
machinekamer (de)	шӯъбаи мошинхо	[ʃœ'bai moʃinho]
brug (de)	арша	[arʃa]
radiokamer (de)	радиохона	[radioχona]
radiogolf (de)	мавч	[mavdʒ]
logboek (het)	журнали кишти̅	[ʒurnali kiʃti:]
verrekijker (de)	дурбин	[durbin]
klok (de)	ноқус, зангӯла	[noqus], [zangœla]

vlag (de)	байрак	[bajrak]
kabel (de)	арғамчини ғафс	[arɣamtʃini ʁafs]
knoop (de)	гиреҳ	[gireh]

| trapleuning (de) | даста барои қапидан | [dasta baroi qapidan] |
| trap (de) | зинапоя | [zinapoja] |

anker (het)	лангар	[langar]
het anker lichten	лангар бардоштан	[langar bardoʃtan]
het anker neerlaten	лангар андохтан	[langar andoχtan]
ankerketting (de)	занҷири лангар	[zandʒiri langar]

haven (bijv. containerhaven)	бандар	[bandar]
kaai (de)	ҷои киштибандӣ	[dʒoi kiʃtibandi:]
aanleggen (ww)	ба соҳил овардан	[ba sohil ovardan]
wegvaren (ww)	ҳаракат кардан	[harakat kardan]

reis (de)	саёҳат	[sajɔhat]
cruise (de)	круиз	[kruiz]
koers (de)	самт	[samt]
route (de)	маршрут	[marʃrut]

vaarwater (het)	маъбар	[ma'bar]
zandbank (de)	тунукоба	[tunukoba]
stranden (ww)	ба тунукоба шиштан	[ba tunukoba ʃiʃtan]

storm (de)	тӯфон, бӯрои	[tœfon], [bœroi]
signaal (het)	бонг, ишорат	[bong], [iʃorat]
zinken (ov. een boot)	ғарк шудан	[ʁark ʃudan]
Man overboord!	Одам дар об!	[odam dar ob]
SOS (noodsignaal)	SOS	[sos]
reddingsboei (de)	чамбари нақот	[tʃambari nadʒot]

144. Vliegveld

luchthaven (de)	аэропорт	[aɛroport]
vliegtuig (het)	ҳавопаймо	[havopajmo]
luchtvaartmaatschappij (de)	ширкати ҳавопаймой	[ʃirkati havopajmoi:]
luchtverkeersleider (de)	диспечер	[dispetʃer]

vertrek (het)	парвоз	[parvoz]
aankomst (de)	парида омадан	[parida omadan]
aankomen (per vliegtuig)	парида омадан	[parida omadan]

| vertrektijd (de) | вақти паридан | [vaqti paridan] |
| aankomstuur (het) | вақти шиштан | [vaqti ʃiʃtan] |

| vertraagd zijn (ww) | боздоштан | [bozdoʃtan] |
| vluchtvertraging (de) | боздоштани парвоз | [bozdoʃtani parvoz] |

informatiebord (het)	тахтаи ахборот	[taχtai aχborot]
informatie (de)	ахборот	[aχborot]
aankondigen (ww)	эълон кардан	[ɛ'lon kardan]
vlucht (bijv. KLM ~)	сафар, рейс	[safar], [rejs]

douane (de)	гумрукхона	[gumrukχona]
douanier (de)	гумрукчй	[gumruktʃi:]

douaneaangifte (de)	декларатсияи гумрукй	[deklaratsijai gumruki:]
invullen (douaneaangifte ~)	пур кардан	[pur kardan]
een douaneaangifte invullen	пур кардани декларатсия	[pur kardani deklaratsija]
paspoortcontrole (de)	назорати шиносиома	[nazorati ʃinosnoma]

bagage (de)	бағоч, бор	[baʁodʒ], [bor]
handbagage (de)	бори дастй	[bori dasti:]
bagagekarretje (het)	аробаи боғочкашй	[arobai boʁotʃkaʃi:]

landing (de)	фуруд	[furud]
landingsbaan (de)	хати нишаст	[χati niʃast]
landen (ww)	нишастан	[niʃastan]
vliegtuigtrap (de)	зинапояи киштй	[zinapojai kiʃti:]

inchecken (het)	бақайдгирй	[baqajdgiri:]
incheckbalie (de)	қатори бақайдгирй	[qatori baqajdgiri:]
inchecken (ww)	қайд кунондан	[qajd kunondan]
instapkaart (de)	талони саворшавй	[taloni savorʃavi:]
gate (de)	баромадан	[baromadan]

transit (de)	транзит	[tranzit]
wachten (ww)	поидан	[poidan]
wachtzaal (de)	толори интизорй	[tolori intizori:]
begeleiden (uitwuiven)	гусел кардан	[gusel kardan]
afscheid nemen (ww)	падруд гуфтан	[padrud guftan]

145. Fiets. Motorfiets

fiets (de)	велосипед	[velosiped]
bromfiets (de)	мотороллер	[motoroller]
motorfiets (de)	мотосикл	[motosikl]

met de fiets rijden	бо велосипед рафтан	[bo velosiped raftan]
stuur (het)	рул	[rul]
pedaal (de/het)	педал	[pedal]
remmen (mv.)	тормозҳо	[tormozho]
fietszadel (de/het)	зин	[zin]

pomp (de)	насос	[nasos]
bagagedrager (de)	бағочмонак	[baʁodʒmonak]
fietslicht (het)	фонус	[fonus]
helm (de)	хӯд	[χœd]

wiel (het)	чарх	[tʃarχ]
spatbord (het)	чархпӯш	[tʃarχpœʃ]
velg (de)	чанбар	[tʃanbar]
spaak (de)	парра	[parra]

Auto's

146. Soorten auto's

auto (de)	автомобил	[avtomobil]
sportauto (de)	мошини варзишӣ	[moʃini varziʃi:]
limousine (de)	лимузин	[limuzin]
terreinwagen (de)	ҳарҷогард, чип	[hardʒogard], [dʒip]
cabriolet (de)	кабриолет	[kabriolet]
minibus (de)	микроавтобус	[mikroavtobus]
ambulance (de)	ёрии таъҷилӣ	[jori:i ta'dʒili:]
sneeuwruimer (de)	мошини барфрӯб	[moʃini barfrœb]
vrachtwagen (de)	мошини боркаш	[moʃini borkaʃ]
tankwagen (de)	бензинкаш	[benzinkaʃ]
bestelwagen (de)	автомобили боркаш	[avtomobili borkaʃ]
trekker (de)	ядакмошин	[jadakmoʃin]
aanhangwagen (de)	шатак	[ʃatak]
comfortabel (bn)	бароҳат	[barohat]
tweedehands (bn)	нимдошт	[nimdoʃt]

147. Auto's. Carrosserie

motorkap (de)	капот	[kapot]
spatbord (het)	чархпӯш	[tʃarχpœʃ]
dak (het)	бом	[bom]
voorruit (de)	оинаи шамолпаноҳ	[oinai ʃamolpanoh]
achterruit (de)	оинаи манзараи ақиб	[oinai manzarai aqib]
ruitensproeier (de)	шӯянда	[ʃœjanda]
wisserbladen (mv.)	чӯткаҳои оинатозакунак	[tʃœtkahoi oinatozakunak]
zijruit (de)	паҳлӯоина	[pahlœoina]
raamlift (de)	оинабардор	[oinabardor]
antenne (de)	антенна	[antenna]
zonnedak (het)	люк	[ljuk]
bumper (de)	бампер	[bamper]
koffer (de)	бағочмонак	[baʁodʒmonak]
imperiaal (de/het)	бормонак	[bormonak]
portier (het)	дарича	[daritʃa]
handvat (het)	дастак	[dastak]
slot (het)	қулф	[qulf]
nummerplaat (de)	рақам	[raqam]
knalpot (de)	садонишонак	[sadoniʃonak]

| benzinetank (de) | баки бензин | [baki benzin] |
| uitlaatpijp (de) | лӯлаи дудбаро | [lœlai dudbaro] |

gas (het)	газ	[gaz]
pedaal (de/het)	педал	[pedal]
gaspedaal (de/het)	педали газ	[pedali gaz]

rem (de)	тормоз	[tormoz]
rempedaal (de/het)	педали тормоз	[pedali tormoz]
remmen (ww)	тормоз додан	[tormoz dodan]
handrem (de)	тормози дастӣ	[tormozi dasti:]

koppeling (de)	муфт	[muft]
koppelingspedaal (de/het)	педали муфт	[pedali muft]
koppelingsschijf (de)	чархмолаи пайвасткунӣ	[tʃarχmolai pajvastkuni:]
schokdemper (de)	амортизатор	[amortizator]

wiel (het)	чарх	[tʃarχ]
reservewiel (het)	чархи эхтиётӣ	[tʃarχi ɛhtijɔti:]
band (de)	покришка	[pokriʃka]
wieldop (de)	колпак	[kolpak]

aandrijfwielen (mv.)	чархҳои баранда	[tʃarχhoi baranda]
met voorwielaandrijving	бо чархони пеш харакаткунанда	[bo tʃarχoni peʃ harakatkunanda]
met achterwielaandrijving	бо чархони ақиб амалкунанда	[bo tʃarχoni aqib amalkunanda]
met vierwielaandrijving	бо чор чарх харакаткунанда	[bo tʃor tʃarχ harakatkunanda]

versnellingsbak (de)	суръатқуттӣ	[sur'atqutti:]
automatisch (bn)	автоматӣ	[avtomati:]
mechanisch (bn)	механикӣ	[meχaniki:]
versnellingspook (de)	фишанги суръатқуттӣ	[fiʃangi sur'atqutti:]

| voorlicht (het) | чароғ | [tʃaroʁ] |
| voorlichten (mv.) | чароғхо | [tʃaroʁho] |

dimlicht (het)	чароғи наздик	[tʃaroʁi nazdik]
grootlicht (het)	чароғи дур	[tʃaroʁi dur]
stoplicht (het)	стоп-сигнал	[stop-signal]

standlichten (mv.)	чароғаки габаритӣ	[tʃaroʁaki gabariti:]
noodverlichting (de)	чароғаки садамавӣ	[tʃaroʁaki sadamavi:]
mistlichten (mv.)	чароғаки зидди туман	[tʃaroʁaki ziddi tuman]
pinker (de)	нишондиҳандаи гардиш	[niʃondihandai gardiʃ]
achteruitrijdlicht (het)	чароғаки ақибравӣ	[tʃaroʁaki aqibravi:]

148. Auto's. Passagiersruimte

interieur (het)	салони мошин	[saloni moʃin]
leren (van leer gemaak)	… и чармин	[i tʃarmin]
fluwelen (abn)	велюрӣ	[veljuri:]
bekleding (de)	рӯйкаш	[rœjkaʃ]

toestel (het)	асбоб	[asbob]
instrumentenbord (het)	лавҳаи асбобхо	[lavhai asbobho]
snelheidsmeter (de)	суръатсанҷ	[sur'atsandʒ]
pijltje (het)	акрабак	[akrabak]
kilometerteller (de)	ҳисобкунаки масофа	[hisobkunaki masofa]
sensor (de)	хабардиҳанда	[χabardihanda]
niveau (het)	сатҳ	[sath]
controlelampje (het)	чароғак	[tʃaroʁak]
stuur (het)	рул	[rul]
toeter (de)	сигнал	[signal]
knopje (het)	тугмача	[tugmatʃa]
schakelaar (de)	калид	[kalid]
stoel (bestuurders~)	курсй	[kursi:]
rugleuning (de)	пуштаки курсй	[puʃtaki kursi:]
hoofdsteun (de)	сармонаки курсй	[sarmonaki kursi:]
veiligheidsgordel (de)	тасмаи бехатарй	[tasmai beχatari:]
de gordel aandoen	тасма гузарондан	[tasma guzarondan]
regeling (de)	танзим	[tanzim]
airbag (de)	кисаи ҳаво	[kisai havo]
airconditioner (de)	кондитсионер	[konditsioner]
radio (de)	радио	[radio]
CD-speler (de)	CD-монак	[ɔɛ-monak]
aanzetten (bijv. radio ~)	даргирондан	[dargirondan]
antenne (de)	антенна	[antenna]
handschoenenkastje (het)	ҷойи дастпӯшакхо	[dʒoji dastpœʃakho]
asbak (de)	хокистардон	[χokistardon]

149. Auto's. Motor

diesel- (abn)	дизелй	[dizeli:]
benzine- (~motor)	бо бензин коркунанда	[bo benzin korkunanda]
motorinhoud (de)	ҳаҷми муҳаррик	[hadʒmi muharrik]
vermogen (het)	иқтидор	[iqtidor]
paardenkracht (de)	қувваи асп	[quvvai asp]
zuiger (de)	поршен	[porʃen]
cilinder (de)	силиндр	[silindr]
klep (de)	клапан	[klapan]
injectie (de)	инжектор	[inʒektor]
generator (de)	генератор	[generator]
carburator (de)	карбюратор	[karbjurator]
motorolie (de)	равғани муҳаррик	[ravʁani muharrik]
radiator (de)	радиатор	[radiator]
koelvloeistof (de)	моеи хунуккунанда	[moei χunukkunanda]
ventilator (de)	бодкаш	[bodkaʃ]
accu (de)	аккумулятор	[akkumuljator]
starter (de)	корандози муҳаррик	[korandozi muharrik]

contact (ontsteking)	даргирони	[dargironi:]
bougie (de)	свечаи мошин	[svetʃai moʃin]
pool (de)	пайвандак	[pajvandak]
positieve pool (de)	ҷамъ	[dʒam']
negatieve pool (de)	тарх	[tarh]
zekering (de)	пешгирикунанда	[peʃgirikunanda]
luchtfilter (de)	филтри ҳаво	[filtri havo]
oliefilter (de)	филтри равган	[filtri ravʁan]
benzinefilter (de)	филтри сӯзишворй	[filtri sœziʃvori:]

150. Auto's. Botsing. Reparatie

auto-ongeval (het)	садама	[sadama]
verkeersongeluk (het)	садамаи нақлиётй	[sadamai naqlijɔti:]
aanrijden (tegen een boom, enz.)	бархӯрдан	[barχœrdan]
verongelukken (ww)	маҷрӯҳ шудан	[madʒrœh ʃudan]
beschadiging (de)	осеб	[oseb]
heelhuids (bn)	саломат	[salomat]
pech (de)	садама	[sadama]
kapot gaan (zijn gebroken)	шикастан	[ʃikastan]
sleeptouw (het)	трос	[tros]
lek (het)	кафидааст	[kafidaast]
lekke krijgen (band)	холй шудан	[χoli: ʃudan]
oppompen (ww)	дам кардан	[dam kardan]
druk (de)	фишор	[fiʃor]
checken (controleren)	тафтиш кардан	[taftiʃ kardan]
reparatie (de)	таъмир	[ta'mir]
garage (de)	автосервис	[avtoservis]
wisselstuk (het)	қисми эҳтиётй	[qismi ɛhtijɔti:]
onderdeel (het)	қисм	[qism]
bout (de)	болт	[bolt]
schroef (de)	винт	[vint]
moer (de)	гайка	[gajka]
sluitring (de)	шайба	[ʃajba]
kogellager (de/het)	подшипник	[podʃipnik]
pijp (de)	найча	[najtʃa]
pakking (de)	мағзй	[maʁzi:]
kabel (de)	сим	[sim]
dommekracht (de)	домкрат	[domkrat]
moersleutel (de)	калиди гайка	[kalidi gajka]
hamer (de)	болғача	[bolʁatʃa]
pomp (de)	насос	[nasos]
schroevendraaier (de)	мурваттоб	[murvattob]
brandblusser (de)	оташнишон	[otaʃniʃon]
gevarendriehoek (de)	секунҷаи садамавй	[sekundʒai sadamavi:]

afslaan	аз кор мондан	[az kor mondan]
(ophouden te werken)		
uitvallen (het)	хомӯш кардан	[χomœʃ kardan]
zijn gebroken	шикастан	[ʃikastan]

oververhitten (ww)	тафсидан	[tafsidan]
verstopt raken (ww)	аз чирк маҳкам шудан	[az tʃirk mahkam ʃudan]
bevriezen (autodeur, enz.)	ях бастан	[jaχ bastan]
barsten (leidingen, enz.)	кафидан	[kafidan]

druk (de)	фишор	[fiʃor]
niveau (bijv. olieniveau)	сатҳ	[sath]
slap (de drijfriem is ~)	суст шудааст	[sust ʃudaast]

deuk (de)	пачақ	[patʃaq]
geklop (vreemde geluiden)	овоз, садо	[ovoz], [sado]
barst (de)	тарқиш	[tarqiʃ]
kras (de)	харош	[χaroʃ]

151. Auto's. Weg

weg (de)	роҳ, раҳ	[roh], [rah]
snelweg (de)	автомагистрал	[avtomagistral]
autoweg (de)	шоссе	[ʃosse]
richting (de)	самт	[samt]
afstand (de)	масофат	[masofat]

brug (de)	пул, кӯпрук	[pul], [kœpruk]
parking (de)	ҷойи мошинмонӣ	[dʒoji moʃinmoni:]
plein (het)	майдон	[majdon]
verkeersknooppunt (het)	чорсӯ	[tʃorsœ]
tunnel (de)	туннел	[tunnel]

benzinestation (het)	колонкаи бензингири	[kolonkai benzingiri]
parking (de)	истгоҳи мошинҳо	[istgohi moʃinho]
benzinepomp (de)	бензокалонка	[benzokalonka]
garage (de)	автосервис	[avtoservis]
tanken (ww)	пур кардан	[pur kardan]
brandstof (de)	сӯзишворӣ	[sœziʃvori:]
jerrycan (de)	канистра	[kanistra]

asfalt (het)	асфалт	[asfalt]
markering (de)	нишонагузорӣ	[niʃonaguzori:]
trottoirband (de)	ҳошия, канора	[hoʃija], [kanora]
geleiderail (de)	деворак	[devorak]
greppel (de)	ҷӯйбор	[dʒœjbor]
vluchtstrook (de)	канори роҳ	[kanori roh]
lichtmast (de)	сутун	[sutun]

besturen (een auto ~)	рондан	[rondan]
afslaan (naar rechts ~)	гардонидан	[gardonidan]
U-bocht maken (ww)	тоб хӯрдан	[tob χœrdan]
achteruit (de)	ақиб рафтан	[aqib raftan]
toeteren (ww)	сигнал додан	[signal dodan]

toeter (de)	бонг	[bong]
vastzitten (in modder)	дармондан	[darmondan]
spinnen (wielen gaan ~)	андармон шудан	[andarmon ʃudan]
uitzetten (ww)	хомӯш кардан	[χomœʃ kardan]
snelheid (de)	суръат	[sur'at]
een snelheidsovertreding maken	суръат баланд кардан	[sur'at baland kardan]
bekeuren (ww)	чарима андохтан	[ʤarima andoχtan]
verkeerslicht (het)	чароғи раҳнамо	[ʧaroʁi rahnamo]
rijbewijs (het)	ҳуҷҷати ронандагӣ	[huʤʤati ronandagi:]
overgang (de)	гузаргоҳ	[guzargoh]
kruispunt (het)	чорраҳа	[ʧorraha]
zebrapad (oversteekplaats)	гузаргоҳи пиёдагардон	[guzargohi pijɔdagardon]
bocht (de)	гардиш	[gardiʃ]
voetgangerszone (de)	роҳи пиёдагард	[rohi pijɔdagard]

MENSEN. GEBEURTENISSEN IN HET LEVEN

Gebeurtenissen in het leven

152. Vakanties. Evenement

feest (het)	ид, чашн	[id], [dʒaʃn]
nationale feestdag (de)	иди миллй	[idi milli:]
feestdag (de)	рӯзи ид	[rœzi id]
herdenken (ww)	ид кардан	[id kardan]
gebeurtenis (de)	воқеа, ходиса	[voqea], [hodisa]
evenement (het)	чорабинй	[tʃorabini:]
banket (het)	зиёфати бошукӯх	[zijɔfati boʃukœh]
receptie (de)	қабул, зиёфат	[qabul], [zijɔfat]
feestmaal (het)	базм	[bazm]
verjaardag (de)	солгард, солагй	[solgard], [solagi:]
jubileum (het)	чашн	[dʒaʃn]
vieren (ww)	чашн гирифтан	[dʒaʃn giriftan]
Nieuwjaar (het)	Соли Нав	[soli nav]
Gelukkig Nieuwjaar!	Соли нав муборак!	[soli nav muborak]
Sinterklaas (de)	Бобои барфй	[boboi barfi:]
Kerstfeest (het)	Мавлуди Исо	[mavludi iso]
Vrolijk kerstfeest!	Иди мавлуд муборак!	[idi mavlud muborak]
kerstboom (de)	арчаи солинавй	[artʃai solinavi:]
vuurwerk (het)	салют	[saljut]
bruiloft (de)	тӯй, тӯйи арӯсй	[tœj], [tœji arœsi:]
bruidegom (de)	домод, домодшаванда	[domod], [domodʃavanda]
bruid (de)	арӯс	[arœs]
uitnodigen (ww)	даъват кардан	[da'vat kardan]
uitnodiging (de)	даъватнома	[da'vatnoma]
gast (de)	мехмон	[mehmon]
op bezoek gaan	ба мехмонй рафтан	[ba mehmoni: raftan]
gasten verwelkomen	қабули мехмонхо	[qabuli mehmonho]
geschenk, cadeau (het)	тӯхфа	[tœhfa]
geven (iets cadeau ~)	бахшидан	[baχʃidan]
geschenken ontvangen	тухфа гирифтан	[tuhfa giriftan]
boeket (het)	дастаи гул	[dastai gul]
felicitaties (mv.)	муборакбод	[muborakbod]
feliciteren (ww)	муборакбод гуфтан	[muborakbod guftan]
wenskaart (de)	аткриткаи табрикй	[atkritkai tabriki:]

| een kaartje versturen | фиристодани аткритка | [firistodani atkritka] |
| een kaartje ontvangen | аткритка гирифтан | [atkritka giriftan] |

toast (de)	нӯшбод	[nœʃbod]
aanbieden (een drankje ~)	зиёфат кардан	[zijɔfat kardan]
champagne (de)	шампан	[ʃampan]

plezier hebben (ww)	хурсандй кардан	[xursandi: kardan]
plezier (het)	шодй, хурсандй	[ʃodi:], [xursandi:]
vreugde (de)	шодй	[ʃodi:]

| dans (de) | ракс | [raks] |
| dansen (ww) | рақсидан | [raqsidan] |

| wals (de) | валс | [vals] |
| tango (de) | танго | [tango] |

153. Begrafenissen. Begrafenis

kerkhof (het)	гӯристон, қабристон	[gœriston], [qabriston]
graf (het)	гӯр, кабр	[gœr], [kabr]
kruis (het)	салиб	[salib]
grafsteen (de)	санги қабр	[sangi qabr]
omheining (de)	панчара	[pandʒara]
kapel (de)	калисои хурд	[kalisoi xurd]

dood (de)	марг	[marg]
sterven (ww)	мурдан	[murdan]
overledene (de)	рахматй	[rahmati:]
rouw (de)	мотам	[motam]

begraven (ww)	гӯр кардан	[gœr kardan]
begrafenisonderneming (de)	бюрои дафнкунй	[bjuroi dafnkuni:]
begrafenis (de)	дафн, чаноза	[dafn], [dʒanoza]
krans (de)	гулчанбар	[gultʃanbar]
doodskist (de)	тобут	[tobut]
lijkwagen (de)	аробаи тобуткашй	[arobai tobutkaʃj]
lijkkleed (de)	кафан	[kafan]

begrafenisstoet (de)	чараёни дафнкунй	[dʒarajɔni dafnkuni:]
urn (de)	зарфи хокистари мурдаи сӯзондашуда	[zarfi xokistari murdai sœzondaʃuda]
crematorium (het)	хонаи мурдасӯзй	[xonai murdasœzi:]

overlijdensbericht (het)	таъзиянома	[ta'zijanoma]
huilen (wenen)	гиря кардан	[girja kardan]
snikken (huilen)	нолидан	[nolidan]

154. Oorlog. Soldaten

| peloton (het) | взвод | [vzvod] |
| compagnie (de) | рота | [rota] |

regiment (het)	полк	[polk]
leger (armee)	армия, қӯшун	[armija], [qœʃun]
divisie (de)	дивизия	[divizija]
sectie (de)	даста	[dasta]
troep (de)	қӯшун	[qœʃun]
soldaat (militair)	аскар	[askar]
officier (de)	афсар	[afsar]
soldaat (rang)	аскари қаторӣ	[askari qatori:]
sergeant (de)	сержант	[serʒant]
luitenant (de)	лейтенант	[lejtenant]
kapitein (de)	капитан	[kapitan]
majoor (de)	майор	[majɔr]
kolonel (de)	полковник	[polkovnik]
generaal (de)	генерал	[general]
matroos (de)	баҳрчӣ	[bahrtʃi:]
kapitein (de)	капитан	[kapitan]
bootsman (de)	ботсман	[botsman]
artillerist (de)	артиллерися	[artillerisja]
valschermjager (de)	десантчӣ	[desanttʃi:]
piloot (de)	лётчик	[ljottʃik]
stuurman (de)	штурман	[ʃturman]
mecanicien (de)	механик	[meχanik]
sappeur (de)	сапёр	[sapjɔr]
parachutist (de)	парашютчӣ	[paraʃjuttʃi:]
verkenner (de)	разведкачӣ	[razvedkatʃi:]
scherpschutter (de)	мерган	[mergan]
patrouille (de)	посбон	[posbon]
patrouilleren (ww)	посбонӣ кардан	[posboni: kardan]
wacht (de)	посбон	[posbon]
krijger (de)	чанговар, аскар	[dʒangovar], [askar]
held (de)	қаҳрамон	[qahramon]
heldin (de)	қаҳрамонзан	[qahramonzan]
patriot (de)	ватандӯст	[vatandœst]
verrader (de)	хоин, хиёнаткор	[χoin], [χijɔnatkor]
verraden (ww)	хиёнат кардан	[χijɔnat kardan]
deserteur (de)	гуреза, фирорӣ	[gureza], [firori:]
deserteren (ww)	фирор кардан	[firor kardan]
huurling (de)	зархарид	[zarχarid]
rekruut (de)	аскари нав	[askari nav]
vrijwilliger (de)	довталаб	[dovtalab]
gedode (de)	кушташуда	[kuʃtaʃuda]
gewonde (de)	захмдор	[zaχmdor]
krijgsgevangene (de)	асир	[asir]

155. Oorlog. Militaire acties. Deel 1

oorlog (de)	чанг	[dʒang]
oorlog voeren (ww)	чангидан	[dʒangidan]
burgeroorlog (de)	чанги граждани	[dʒangi graʒdani:]
achterbaks (bw)	ахдшиканона	[ahdʃikanona]
oorlogsverklaring (de)	эълони чанг	[ɛ'loni dʒang]
verklaren (de oorlog ~)	эълон кардан	[ɛ'lon kardan]
agressie (de)	тачовуз, агрессия	[tadʒovuz], [agressija]
aanvallen (binnenvallen)	хучум кардан	[hudʒum kardan]
binnenvallen (ww)	забт кардан	[zabt kardan]
invaller (de)	забткунанда	[zabtkunanda]
veroveraar (de)	забткунанда	[zabtkunanda]
verdediging (de)	мудофиа	[mudofia]
verdedigen (je land ~)	мудофиа кардан	[mudofia kardan]
zich verdedigen (ww)	худро мудофиа кардан	[χudro mudofia kardan]
vijand (de)	душман	[duʃman]
tegenstander (de)	рақиб	[raqib]
vijandelijk (bn)	… и душман	[i duʃman]
strategie (de)	стратегия	[strategija]
tactiek (de)	тактика	[taktika]
order (de)	фармон	[farmon]
bevel (het)	фармон	[farmon]
bevelen (ww)	фармон додан	[farmon dodan]
opdracht (de)	супориш	[suporiʃ]
geheim (bn)	пинхони	[pinhoni:]
veldslag (de)	чанг	[dʒang]
strijd (de)	мухориба	[muhoriba]
aanval (de)	хамла	[hamla]
bestorming (de)	хучум	[hudʒum]
bestormen (ww)	хучуми қатъи кардан	[hudʒumi qat'i: kardan]
bezetting (de)	мухосира	[muhosira]
aanval (de)	хучум	[hudʒum]
in het offensief te gaan	хучум кардан	[hudʒum kardan]
terugtrekking (de)	ақибнишини	[aqibniʃini:]
zich terugtrekken (ww)	ақиб гаштан	[aqib gaʃtan]
omsingeling (de)	мухосира, ихота	[muhosira], [ihota]
omsingelen (ww)	мухосира кардан	[muhosira kardan]
bombardement (het)	бомбаандози	[bombaandozi:]
een bom gooien	бомба партофтан	[bomba partoftan]
bombarderen (ww)	бомбаборон кардан	[bombaboron kardan]
ontploffing (de)	таркиш, таркидан	[tarkiʃ], [tarkidan]
schot (het)	тир, тирпаррони	[tir], [tirparroni:]

| een schot lossen | тир паррондан | [tir parrondan] |
| schieten (het) | тирпарронй | [tirparroni:] |

mikken op (ww)	нишон гирифтан	[niʃon giriftan]
aanleggen (een wapen ~)	рост кардан	[rost kardan]
treffen (doelwit ~)	задан	[zadan]

zinken (tot zinken brengen)	ғарқ кардан	[ʁarq kardan]
kogelgat (het)	сӯрох	[sœroχ]
zinken (gezonken zijn)	ғарқ шудан	[ʁarq ʃudan]

front (het)	фронт, ҷабха	[front], [dʒabχa]
evacuatie (de)	тахлия	[taχlija]
evacueren (ww)	тахлия кардан	[taχlija kardan]

loopgraaf (de)	хандақ	[χandaq]
prikkeldraad (de)	симхор	[simχor]
verdedigingsobstakel (het)	садд	[sadd]
wachttoren (de)	бурчи дидбонй	[burtʃi didboni:]

hospitaal (het)	беморхонаи ҳарбй	[bemorχonai harbi:]
verwonden (ww)	захмдор кардан	[zaχmdor kardan]
wond (de)	захм, реш	[zaχm], [reʃ]
gewonde (de)	захмдор	[zaχmdor]
gewond raken (ww)	захм бардоштан	[zaχm bardoʃtan]
ernstig (~e wond)	вазнин	[vaznin]

156. Wapens

wapens (mv.)	яроқ, силоҳ	[jaroq], [siloh]
vuurwapens (mv.)	аслиҳаи оташфишон	[aslihai otaʃfiʃon]
koude wapens (mv.)	яроқи беоташ	[jaroqi beotaʃ]

chemische wapens (mv.)	силоҳи химиявй	[silohi χimijavi:]
kern-, nucleair (bn)	... и ядро, ядрой	[i jadro], [jadroi:]
kernwapens (mv.)	аслиҳаи ядрой	[aslihai jadroi:]

| bom (de) | бомба | [bomba] |
| atoombom (de) | бомбаи атомй | [bombai atomi:] |

pistool (het)	тапонча	[tapontʃa]
geweer (het)	милтиқ	[miltiq]
machinepistool (het)	автомат	[avtomat]
machinegeweer (het)	пулемёт	[pulemjot]

loop (schietbuis)	даҳони мил	[dahoni mil]
loop (bijv. geweer met kortere ~)	мил	[mil]
kaliber (het)	калибр	[kalibr]

trekker (de)	куланги силоҳи оташфишон	[kulangi silohi otaʃfiʃon]
korrel (de)	нишон	[niʃon]
magazijn (het)	тирдон	[tirdon]

geweerkolf (de)	кундоқ	[qundoq]
granaat (handgranaat)	гранатаи дастӣ	[granatai dasti:]
explosieven (mv.)	моддаи тарканда	[moddai tarkanda]

kogel (de)	тир	[tir]
patroon (de)	тир	[tir]
lading (de)	заряд	[zarjad]
ammunitie (de)	лавозимоти ҷангӣ	[lavozimoti dʒangi:]

bommenwerper (de)	самолёти бомбаандоз	[samoljoti bombaandoz]
straaljager (de)	қиркунанда	[qirkunanda]
helikopter (de)	вертолёт	[vertoljot]

afweergeschut (het)	тӯпи зенитӣ	[tœpi zeniti:]
tank (de)	танк	[tank]
kanon (tank met een ~ van 76 mm)	тӯп	[tœp]

artillerie (de)	артиллерия	[artillerija]
kanon (het)	тӯп	[tœp]
aanleggen (een wapen ~)	рост кардан	[rost kardan]

projectiel (het)	тир, тири тӯп	[tir], [tiri tœp]
mortiergranaat (de)	минаи миномёт	[minai minomjot]
mortier (de)	миномёт	[minomjot]
granaatscherf (de)	тикка	[tikka]

duikboot (de)	киштии зериобӣ	[kiʃti:i zeriobi:]
torpedo (de)	торпеда	[torpeda]
raket (de)	ракета	[raketa]

laden (geweer, kanon)	тир пур кардан	[tir pur kardan]
schieten (ww)	тир задан	[tir zadan]
richten op (mikken)	нишон гирифтан	[niʃon giriftan]
bajonet (de)	найза	[najza]

degen (de)	шамшер	[ʃamʃer]
sabel (de)	шамшер, шоф	[ʃamʃer], [ʃof]
speer (de)	найза	[najza]
boog (de)	камон	[kamon]
pijl (de)	тир	[tir]
musket (de)	туфанг	[tufang]
kruisboog (de)	камон, камонғӯлак	[kamon], [kamonʁœlak]

157. Oude mensen

primitief (bn)	ибтидой	[ibtidoi:]
voorhistorisch (bn)	пеш аз таърих	[peʃ az ta'rix]
eeuwenoude (~ beschaving)	қадим	[qadim]

Steentijd (de)	Асри сангин	[asri sangin]
Bronstijd (de)	Давраи биринҷӣ	[davrai birindʒi:]
IJstijd (de)	Давраи яхбандӣ	[davrai jaxbandi:]
stam (de)	қабила	[qabila]

menseneter (de)	одамхӯр	[odamχœr]
jager (de)	шикорчй	[ʃikortʃi:]
jagen (ww)	шикор кардан	[ʃikor kardan]
mammoet (de)	мамонт	[mamont]

grot (de)	ғор	[ʁor]
vuur (het)	оташ	[otaʃ]
kampvuur (het)	гулхан	[gulχan]
rotstekening (de)	нақшхои рӯйи санг	[naqʃhoi rœji sang]

werkinstrument (het)	олати меҳнат	[olati mehnat]
speer (de)	найза	[najza]
stenen bijl (de)	табари сангин	[tabari sangin]
oorlog voeren (ww)	чангидан	[dʒangidan]
temmen (bijv. wolf ~)	дастомӯз кардан	[dastomœz kardan]

idool (het)	бут, санам	[but], [sanam]
aanbidden (ww)	парастидан	[parastidan]
bijgeloof (het)	хурофот	[χurofot]
ritueel (het)	расм, маросим	[rasm], [marosim]

evolutie (de)	таҳаввул	[tahavvul]
ontwikkeling (de)	пешравй	[peʃravi:]
verdwijning (de)	нест шудан	[nest ʃudan]
zich aanpassen (ww)	мувофиқат кардан	[muvofiqat kardan]

archeologie (de)	археология	[arχeologija]
archeoloog (de)	археолог	[arχeolog]
archeologisch (bn)	археологй	[arχeologi:]

opgravingsplaats (de)	ҳафриёт	[hafrijɔt]
opgravingen (mv.)	ҳафриёт	[hafrijɔt]
vondst (de)	бозёфт	[bozjɔft]
fragment (het)	порча	[portʃa]

158. Middeleeuwen

volk (het)	халқ	[χalq]
volkeren (mv.)	халқхо	[χalqho]
stam (de)	қабила	[qabila]
stammen (mv.)	қабилаҳо	[qabilaho]

barbaren (mv.)	барбархо	[barbarho]
Galliërs (mv.)	галлхо	[gallho]
Goten (mv.)	готхо	[gotho]
Slaven (mv.)	сақлоб	[saqlob]
Vikings (mv.)	викингхо	[vikingho]

Romeinen (mv.)	румихо	[rumiho]
Romeins (bn)	... и Рим, римй	[i rim], [rimi:]

Byzantijnen (mv.)	византиягихо	[vizantijagiho]
Byzantium (het)	Византия	[vizantija]
Byzantijns (bn)	византиягй	[vizantijagi:]

keizer (bijv. Romeinse ~)	император	[imperator]
opperhoofd (het)	пешво, роҳбар	[peʃvo], [rohbar]
machtig (bn)	тавоно	[tavono]
koning (de)	шоҳ	[ʃoh]
heerser (de)	ҳукмдор	[hukmdor]
ridder (de)	баҳодур	[bahodur]
feodaal (de)	феодал	[feodal]
feodaal (bn)	феодалӣ	[feodali:]
vazal (de)	вассал	[vassal]
hertog (de)	гертсог	[gertsog]
graaf (de)	граф	[graf]
baron (de)	барон	[baron]
bisschop (de)	епископ	[episkop]
harnas (het)	либосу аслиҳаи чангӣ	[libosu aslihai tʃangi:]
schild (het)	сипар	[sipar]
zwaard (het)	шамшер	[ʃamʃer]
vizier (het)	рӯйпӯши тоскулоҳ	[rœjpœʃi toskuloh]
maliënkolder (de)	зиреҳ	[zireh]
kruistocht (de)	юриши салибдорон	[juriʃi salibdoron]
kruisvaarder (de)	салибдор	[salibdor]
gebied (bijv. bezette ~en)	ҳок	[χok]
aanvallen (binnenvallen)	ҳучум кардан	[hudʒum kardan]
veroveren (ww)	забт кардан	[zabt kardan]
innemen (binnenvallen)	ғасб кардан	[ʁasb kardan]
bezetting (de)	муҳосира	[muhosira]
bezet (bn)	муҳосирашуда	[muhosiraʃuda]
belegeren (ww)	муҳосира кардан	[muhosira kardan]
inquisitie (de)	инквизитсия	[inkvizitsija]
inquisiteur (de)	инквизитор	[inkvizitor]
foltering (de)	шиканҷа	[ʃikandʒa]
wreed (bn)	бераҳм	[berahm]
ketter (de)	бидъаткор	[bid'atkor]
ketterij (de)	бидъат	[bid'at]
zeevaart (de)	баҳрнавардӣ	[bahrnavardi:]
piraat (de)	роҳзани баҳрӣ	[rohzani bahri:]
piraterij (de)	роҳзании баҳрӣ	[rohzani:i bahri:]
enteren (het)	абордаж	[abordaʒ]
buit (de)	сайд, ғанимат	[sajd], [ʁanimat]
schatten (mv.)	ганҷ	[gandʒ]
ontdekking (de)	кашф	[kaʃf]
ontdekken (bijv. nieuw land)	кашф кардан	[kaʃf kardan]
expeditie (de)	экспедитсия	[ɛkspeditsija]
musketier (de)	туфангдор	[tufangdor]
kardinaal (de)	кардинал	[kardinal]
heraldiek (de)	гербшиносӣ	[gerbʃinosi:]
heraldisch (bn)	… и гербшиносӣ	[i gerbʃinosi:]

159. Leider. Baas. Autoriteiten

koning (de)	шоҳ	[ʃoh]
koningin (de)	малика	[malika]
koninklijk (bn)	шоҳӣ, ... и шоҳ	[ʃohi:], [i ʃoh]
koninkrijk (het)	шоҳигарӣ	[ʃohigari:]
prins (de)	шоҳзода	[ʃohzoda]
prinses (de)	шоҳдухтар	[ʃohduχtar]
president (de)	президент	[prezident]
vicepresident (de)	ноиб-президент	[noib-prezident]
senator (de)	сенатор	[senator]
monarch (de)	монарх, подшоҳ	[monarχ], [podʃoh]
heerser (de)	ҳукмдор	[hukmdor]
dictator (de)	ҳукмфармо	[hukmfarmo]
tiran (de)	мустабид	[mustabid]
magnaat (de)	магнат	[magnat]
directeur (de)	директор, мудир	[direktor], [mudir]
chef (de)	сардор	[sardor]
beheerder (de)	идоракунанда	[idorakunanda]
baas (de)	хӯҷаин, саркор	[χœdʒain], [sarkor]
eigenaar (de)	соҳиб, хӯҷаин	[sohib], [χœdʒain]
leider (de)	сарвар, роҳбар	[sarvar], [rohbar]
hoofd	сардор	[sardor]
(bijv. ~ van de delegatie)		
autoriteiten (mv.)	ҳукумат	[hukumat]
superieuren (mv.)	сардорон	[sardoron]
gouverneur (de)	губернатор	[gubernator]
consul (de)	консул	[konsul]
diplomaat (de)	дипломат	[diplomat]
burgemeester (de)	мир	[mir]
sheriff (de)	шериф	[ʃerif]
keizer (bijv. Romeinse ~)	император	[imperator]
tsaar (de)	шоҳ	[ʃoh]
farao (de)	фиръавн	[fir'avn]
kan (de)	хон	[χon]

160. De wet overtreden. Criminelen. Deel 1

bandiet (de)	роҳзан	[rohzan]
misdaad (de)	ҷиноят	[dʒinojat]
misdadiger (de)	ҷинояткор	[dʒinojatkor]
dief (de)	дузд	[duzd]
stelen (ww)	дуздидан	[duzdidan]
stelen (de)	дузди̅	[duzdi:]
diefstal (de)	ғорат	[ʁorat]

kidnappen (ww)	дуздидан	[duzdidan]
kidnapping (de)	одамдуздй	[odamduzdi:]
kidnapper (de)	одамдузд	[odamduzd]
losgeld (het)	фидия	[fidija]
eisen losgeld (ww)	фидия талаб кардан	[fidija talab kardan]
overvallen (ww)	ғорат кардан	[ʁorat kardan]
overval (de)	ғорат	[ʁorat]
overvaller (de)	ғоратгар	[ʁoratgar]
afpersen (ww)	тамаъ ҷустан	[tama' dʒustan]
afperser (de)	тамаъкор	[tama'kor]
afpersing (de)	тамаъҷӯй	[tama'dʒœi:]
vermoorden (ww)	куштан	[kuʃtan]
moord (de)	қатл, куштор	[qatl], [kuʃtor]
moordenaar (de)	кушанда	[kuʃanda]
schot (het)	тир, тирпарронй	[tir], [tirparroni:]
een schot lossen	тир паррондан	[tir parrondan]
neerschieten (ww)	паррондан	[parrondan]
schieten (ww)	тир задан	[tir zadan]
schieten (het)	тирандозй	[tirandozi:]
ongeluk (gevecht, enz.)	ходиса	[hodisa]
gevecht (het)	занозанй	[zanozani:]
Help!	Ёри дихед!	[jori dihed]
slachtoffer (het)	қурбонй, қурбон	[qurboni:], [qurbon]
beschadigen (ww)	осеб расонидан	[oseb rasonidan]
schade (de)	зарар	[zarar]
lijk (het)	ҷасад	[dʒasad]
zwaar (~ misdrijf)	вазнин	[vaznin]
aanvallen (ww)	хуҷум кардан	[hudʒum kardan]
slaan (iemand ~)	задан	[zadan]
in elkaar slaan (toetakelen)	лату кӯб кардан	[latu kœb kardan]
ontnemen (beroven)	кашида гирифтан	[kaʃida giriftan]
steken (met een mes)	сар буридан	[sar buridan]
verminken (ww)	маъюб кардан	[ma'jub kardan]
verwonden (ww)	захмдор кардан	[zaχmdor kardan]
chantage (de)	тахдид	[tahdid]
chanteren (ww)	тахдид кардан	[tahdid kardan]
chanteur (de)	тахдидгар	[tahdidgar]
afpersing (de)	рэкет	[rɛket]
afperser (de)	рэкетчй	[rɛkettʃi:]
gangster (de)	роҳзан, ғоратгар	[rohzan], [ʁoratgar]
maffia (de)	мафия	[mafija]
kruimeldief (de)	кисабур	[kisabur]
inbreker (de)	дузди қулфшикан	[duzdi qulfʃikan]
smokkelen (het)	қочоқчигй	[qotʃoqtʃigi:]
smokkelaar (de)	қочоқчй	[qotʃoqtʃi:]

namaak (de)	сохтакорӣ	[soxtakori:]
namaken (ww)	сохтакорӣ кардан	[soxtakori: kardan]
namaak-, vals (bn)	қалбақӣ	[qalbaqi:]

161. De wet overtreden. Criminelen. Deel 2

verkrachting (de)	таҷовуз ба номус	[tadʒovuz ba nomus]
verkrachten (ww)	ба номус таҷовуз кардан	[ba nomus tadʒovuz kardan]
verkrachter (de)	зӯрикунанда	[zœrikunanda]
maniak (de)	васвосӣ, савдой	[vasvosi:], [savdoi:]

prostituee (de)	фоҳиша	[fohiʃa]
prostitutie (de)	фоҳишагӣ	[fohiʃagi:]
pooier (de)	занҷаллоб	[zandʒallob]

| drugsverslaafde (de) | нашъаманд | [naʃamand] |
| drugshandelaar (de) | нашъаҷаллоб | [naʃadʒallob] |

opblazen (ww)	таркондан	[tarkondan]
explosie (de)	таркиш, таркидан	[tarkiʃ], [tarkidan]
in brand steken (ww)	оташ задан	[otaʃ zadan]
brandstichter (de)	оташзананда	[otaʃzananda]

terrorisme (het)	терроризм	[terrorizm]
terrorist (de)	террорчӣ	[terrortʃi:]
gijzelaar (de)	шахси гаравӣ, гаравгон	[ʃaxsi garavi:], [garavgon]

bedriegen (ww)	фиреб додан, фирефтан	[fireb dodan], [fireftan]
bedrog (het)	фиреб	[fireb]
oplichter (de)	фиребгар	[firebgar]

omkopen (ww)	пора додан	[pora dodan]
omkoperij (de)	пора додан	[pora dodan]
smeergeld (het)	пора, ришва	[pora], [riʃva]

vergif (het)	заҳр	[zahr]
vergiftigen (ww)	заҳр додан	[zahr dodan]
vergif innemen (ww)	заҳр хӯрдан	[zahr xœrdan]

| zelfmoord (de) | худкушӣ | [xudkuʃi:] |
| zelfmoordenaar (de) | худкуш | [xudkuʃ] |

bedreigen (bijv. met een pistool)	дӯғ задан	[dœʁ zadan]
bedreiging (de)	дӯғ, пӯписа	[dœʁ], [pœpisa]
een aanslag plegen	суиқасд кардан	[suiqasd kardan]
aanslag (de)	суиқасд	[suiqasd]

| stelen (een auto) | дуздидан | [duzdidan] |
| kapen (een vliegtuig) | дуздидан | [duzdidan] |

wraak (de)	интиқом	[intiqom]
wreken (ww)	интиқом гирифтан	[intiqom giriftan]
martelen (gevangenen)	шиканҷа кардан	[ʃikandʒa kardan]

foltering (de)	шиканча	[ʃikandʒa]
folteren (ww)	азоб додан	[azob dodan]

piraat (de)	роҳзани баҳрӣ	[rohzani bahri:]
straatschender (de)	бадахлоқ	[badaχloq]
gewapend (bn)	мусаллаҳ	[musallah]
geweld (het)	тачовуз	[tadʒovuz]
onwettig (strafbaar)	ғайрилегалӣ	[ʁajrilegali:]

spionage (de)	чосусӣ	[dʒosusi:]
spioneren (ww)	чосусӣ кардан	[dʒosusi: kardan]

162. Politie. Wet. Deel 1

gerecht (het)	адлия	[adlija]
gerechtshof (het)	суд	[sud]

rechter (de)	довар	[dovar]
jury (de)	суди халқӣ	[sudi χalqi:]
juryrechtspraak (de)	суди касамиён	[sudi kasamijɔn]
berechten (ww)	суд кардан	[sud kardan]

advocaat (de)	адвокат, ҳимоягар	[advokat], [himojagar]
beklaagde (de)	айбдор	[ajbdor]
beklaagdenbank (de)	курсии судшаванда	[kursi:i sudʃavanda]

beschuldiging (de)	айбдоркунӣ	[ajbdorkuni:]
beschuldigde (de)	айбдоршаванда	[ajbdorʃavanda]

vonnis (het)	ҳукм, ҳукмнома	[hukm], [hukmnoma]
veroordelen	ҳукм кардан	[hukm kardan]
(in een rechtszaak)		

schuldige (de)	гунаҳкор, айбдор	[gunahkor], [ajbdor]
straffen (ww)	чазо додан	[dʒazo dodan]
bestraffing (de)	чазо	[dʒazo]

boete (de)	чарима	[dʒarima]
levenslange opsluiting (de)	ҳабси якумрӣ	[habsi jakumri:]
doodstraf (de)	чазои қатл	[dʒazoi qatl]
elektrische stoel (de)	курсии барқӣ	[kursi:i barqi:]
schavot (het)	дор	[dor]

executeren (ww)	қатл кардан	[qatl kardan]
executie (de)	ҳукми куш	[hukmi kuʃ]

gevangenis (de)	маҳбас	[mahbas]
cel (de)	камера	[kamera]

konvooi (het)	қаравулон	[qaravulon]
gevangenisbewaker (de)	назоратчии ҳабсхона	[nazorattʃi:i habsχona]
gedetineerde (de)	маҳбус	[mahbus]
handboeien (mv.)	дастбанд	[dastband]
handboeien omdoen	ба даст кишан андохтан	[ba dast kiʃan andoχtan]

ontsnapping (de)	гурез	[gurez]
ontsnappen (ww)	гурехтан	[gureχtan]
verdwijnen (ww)	гум шудан	[gum ʃudan]
vrijlaten (uit de gevangenis)	озод кардан	[ozod kardan]
amnestie (de)	амнистия, афви умумӣ	[amnistija], [afvi umumi:]

politie (de)	полис	[polis]
politieagent (de)	полис	[polis]
politiebureau (het)	милисахона	[milisaχona]
knuppel (de)	чӯбдасти резинӣ	[tʃœbdasti rezini:]
megafoon (de)	баландгӯяк	[balandgœjak]

patrouilleerwagen (de)	мошини дидбонӣ	[moʃini didboni:]
sirene (de)	бурғу	[burʁu]
de sirene aansteken	даргиронидани сирена	[dargironidani sirena]
geloei (het) van de sirene	хувvoси сирена	[huvvosi sirena]

plaats delict (de)	ҷойи ҷиноят	[dʒoji dʒinojat]
getuige (de)	шоҳид	[ʃohid]
vrijheid (de)	озодӣ	[ozodi:]
handlanger (de)	шарик	[ʃarik]
ontvluchten (ww)	паноҳ шудан	[panoh ʃudan]
spoor (het)	пай	[paj]

163. Politie. Wet. Deel 2

opsporing (de)	ҷустуҷӯ	[dʒustudʒœ]
opsporen (ww)	ҷустуҷӯ кардан	[dʒustudʒœ kardan]
verdenking (de)	шубҳа	[ʃubha]
verdacht (bn)	шубҳанок	[ʃubhanok]
aanhouden (stoppen)	нигоҳ доштан	[nigoh doʃtan]
tegenhouden (ww)	дастгир кардан	[dastgir kardan]

strafzaak (de)	кори ҷиноятӣ	[kori dʒinojati:]
onderzoek (het)	тафтиш	[taftiʃ]
detective (de)	муфаттиши махфӣ	[mufattiʃi maχfi:]
onderzoeksrechter (de)	муфаттиш	[mufattiʃ]
versie (de)	версия	[versija]

motief (het)	ангеза	[angeza]
verhoor (het)	истинток кардан	[istintok kardan]
ondervragen (door de politie)	истинток	[istintok]
ondervragen (omstanders ~)	райпурсӣ кардан	[rajpursi: kardan]
controle (de)	тафтиш	[taftiʃ]

razzia (de)	муҳосира,иҳота	[muhosira,ihota]
huiszoeking (de)	кофтуков	[koftukov]
achtervolging (de)	таъқиб	[ta'qib]
achtervolgen (ww)	таъқиб кардан	[ta'qib kardan]
opsporen (ww)	поидан	[poidan]
arrest (het)	ҳабс	[habs]
arresteren (ww)	ҳабс кардан	[habs kardan]
vangen, aanhouden (een dief, enz.)	дастгир кардан	[dastgir kardan]

aanhouding (de)	дастгир карданӣ	[dastgir kardani:]
document (het)	ҳуччат, санад	[hudʒdʒat], [sanad]
bewijs (het)	исбот	[isbot]
bewijzen (ww)	исбот кардан	[isbot kardan]
voetspoor (het)	из, пай	[iz], [paj]
vingerafdrukken (mv.)	нақши ангуштон	[naqʃi anguʃton]
bewijs (het)	далел	[dalel]

alibi (het)	алиби	[alibi]
onschuldig (bn)	бегуноҳ, беайб	[begunoh], [beajb]
onrecht (het)	беадолатӣ	[beadolati:]
onrechtvaardig (bn)	беинсоф	[beinsof]

crimineel (bn)	ҷиноятӣ	[dʒinojati:]
confisqueren (in beslag nemen)	мусодира кардан	[musodira kardan]
drug (de)	маводи нашъадор	[mavodi naʃʼador]
wapen (het)	яроқ	[jaroq]
ontwapenen (ww)	беярок кардан	[bejarok kardan]
bevelen (ww)	фармон додан	[farmon dodan]
verdwijnen (ww)	гум шудан	[gum ʃudan]

wet (de)	қонун	[qonun]
wettelijk (bn)	конунӣ, … и конун	[konuni:], [i konun]
onwettelijk (bn)	ғайриқонунӣ	[ʁajriqonuni:]

| verantwoordelijkheid (de) | ҷавобгарӣ | [dʒavobgari:] |
| verantwoordelijk (bn) | ҷавобгар | [dʒavobgar] |

NATUUR

De Aarde. Deel 1

164. De kosmische ruimte

kosmos (de)	кайҳон	[kajhon]
kosmisch (bn)	... и кайҳон	[i kajhon]
kosmische ruimte (de)	фазои кайҳон	[fazoi kajhon]
wereld (de)	чаҳон	[dʒahon]
heelal (het)	коинот	[koinot]
sterrenstelsel (het)	галактика	[galaktika]
ster (de)	ситора	[sitora]
sterrenbeeld (het)	бурҷ	[burdʒ]
planeet (de)	сайёра	[sajjɔra]
satelliet (de)	радиф	[radif]
meteoriet (de)	метеорит, шиҳобпора	[meteorit], [ʃihobpora]
komeet (de)	ситораи думдор	[sitorai dumdor]
asteroïde (de)	астероид	[asteroid]
baan (de)	мадор	[mador]
draaien (om de zon, enz.)	давр задан	[davr zadan]
atmosfeer (de)	атмосфера	[atmosfera]
Zon (de)	Офтоб	[oftob]
zonnestelsel (het)	манзумаи шамсӣ	[manzumai ʃamsi:]
zonsverduistering (de)	гирифтани офтоб	[giriftani oftob]
Aarde (de)	Замин	[zamin]
Maan (de)	Моҳ	[moh]
Mars (de)	Миррих	[mirriχ]
Venus (de)	Зӯҳра, Ноҳид	[zœhra], [nohid]
Jupiter (de)	Муштарӣ	[muʃtari:]
Saturnus (de)	Кайвон	[kajvon]
Mercurius (de)	Уторид	[utorid]
Uranus (de)	Уран	[uran]
Neptunus (de)	Нептун	[neptun]
Pluto (de)	Плутон	[pluton]
Melkweg (de)	Роҳи Каҳкашон	[rohi kahkaʃon]
Grote Beer (de)	Дубби Акбар	[dubbi akbar]
Poolster (de)	Ситораи қутбӣ	[sitorai qutbi:]
marsmannetje (het)	миррихӣ	[mirriχi:]
buitenaards wezen (het)	инопланетянҳо	[inoplanetjanho]

bovenaards (het)	махлуқӣ кайҳонӣ	[maχluqi: kajhoni:]
vliegende schotel (de)	табақи парвозкунанда	[tabaqi parvozkunanda]
ruimtevaartuig (het)	киштии кайҳонӣ	[kiʃti:i kajhoni:]
ruimtestation (het)	стантсияи мадорӣ	[stantsijai madori:]
start (de)	оғоз	[oʁoz]
motor (de)	муҳаррик	[muharrik]
straalpijp (de)	сопло	[soplo]
brandstof (de)	сӯзишворӣ	[sœziʃvori:]
cabine (de)	кабина	[kabina]
antenne (de)	антенна	[antenna]
patrijspoort (de)	иллюминатор	[illjuminator]
zonnebatterij (de)	батареи офтобӣ	[batarei oftobi:]
ruimtepak (het)	скафандр	[skafandr]
gewichtloosheid (de)	бевазнӣ	[bevazni:]
zuurstof (de)	оксиген	[oksigen]
koppeling (de)	пайваст	[pajvast]
koppeling maken	пайваст кардан	[pajvast kardan]
observatorium (het)	расадхона	[rasadχona]
telescoop (de)	телескоп	[teleskop]
waarnemen (ww)	мушоҳида кардан	[muʃohida kardan]
exploreren (ww)	таҳқиқ кардан	[tahqiq kardan]

165. De Aarde

Aarde (de)	Замин	[zamin]
aardbol (de)	кураи замин	[kurai zamin]
planeet (de)	сайёра	[sajjɔra]
atmosfeer (de)	атмосфера	[atmosfera]
aardrijkskunde (de)	география	[geografija]
natuur (de)	табиат	[tabiat]
wereldbol (de)	глобус	[globus]
kaart (de)	харита	[χarita]
atlas (de)	атлас	[atlas]
Azië (het)	Осиё	[osijɔ]
Afrika (het)	Африқо	[afriqo]
Australië (het)	Австралия	[avstralija]
Amerika (het)	Америка	[amerika]
Noord-Amerika (het)	Америкаи Шимолӣ	[amerikai ʃimoli:]
Zuid-Amerika (het)	Америкаи Ҷанубӣ	[amerikai dʒanubi:]
Antarctica (het)	Антарктида	[antarktida]
Arctis (de)	Арктика	[arktika]

166. Windrichtingen

noorden (het)	шимол	[ʃimol]
naar het noorden	ба шимол	[ba ʃimol]
in het noorden	дар шимол	[dar ʃimol]
noordelijk (bn)	шимолӣ, ... и шимол	[ʃimoli:], [i ʃimol]
zuiden (het)	ҷануб	[dʒanub]
naar het zuiden	ба ҷануб	[ba dʒanub]
in het zuiden	дар ҷануб	[dar dʒanub]
zuidelijk (bn)	ҷанубӣ, ... и ҷануб	[dʒanubi:], [i dʒanub]
westen (het)	ғарб	[ʁarb]
naar het westen	ба ғарб	[ba ʁarb]
in het westen	дар ғарб	[dar ʁarb]
westelijk (bn)	ғарбӣ, ... и ғарб	[ʁarbi:], [i ʁarb]
oosten (het)	шарқ	[ʃarq]
naar het oosten	ба шарқ	[ba ʃarq]
in het oosten	дар шарқ	[dar ʃarq]
oostelijk (bn)	шарқӣ	[ʃarqi:]

167. Zee. Oceaan

zee (de)	баҳр	[bahr]
oceaan (de)	уқёнус	[uqjɔnus]
golf (baai)	халиҷ	[χalidʒ]
straat (de)	гулӯгоҳ	[gulœgoh]
grond (vaste grond)	хушкӣ, замин	[χuʃki:], [zamin]
continent (het)	материк, қитъа	[materik], [qit'a]
eiland (het)	ҷазира	[dʒazira]
schiereiland (het)	нимҷазира	[nimdʒazira]
archipel (de)	галаҷазира	[galadʒazira]
baai, bocht (de)	халиҷ	[χalidʒ]
haven (de)	бандар	[bandar]
lagune (de)	лагуна	[laguna]
kaap (de)	димоға	[dimoʁa]
atol (de)	атолл	[atoll]
rif (het)	харсанги зериобӣ	[χarsangi zeriobi:]
koraal (het)	марҷон	[mardʒon]
koraalrif (het)	обсанги марҷонӣ	[obsangi mardʒoni:]
diep (bn)	чуқур	[tʃuqur]
diepte (de)	чуқурӣ	[tʃuquri:]
diepzee (de)	қаър	[qa'r]
trog (bijv. Marianentrog)	чуқурӣ	[tʃuquri:]
stroming (de)	ҷараён	[dʒarajɔn]
omspoelen (ww)	шустан	[ʃustan]

oever (de)	соҳил, соҳили баҳр	[sohil], [sohili bahr]
kust (de)	соҳил	[sohil]
vloed (de)	мадд	[madd]
eb (de)	ҷазр	[dʒazr]
ondiepte (ondiep water)	пастоб	[pastob]
bodem (de)	қаър	[qa'r]
golf (hoge ~)	мавҷ	[mavdʒ]
golfkam (de)	теғаи мавҷ	[teʁai mavdʒ]
schuim (het)	кафк	[kafk]
storm (de)	тӯфон, бӯрои	[tœfon], [bœroi]
orkaan (de)	тундбод	[tundbod]
tsunami (de)	сунами	[sunami]
windstilte (de)	сукунати ҳаво	[sukunati havo]
kalm (bijv. ~e zee)	ором	[orom]
pool (de)	қутб	[qutb]
polair (bn)	қутбӣ	[qutbi:]
breedtegraad (de)	арз	[arz]
lengtegraad (de)	тӯл	[tœl]
parallel (de)	параллел	[parallel]
evenaar (de)	хати истиво	[χati istivo]
hemel (de)	осмон	[osmon]
horizon (de)	уфуқ	[ufuq]
lucht (de)	ҳаво	[havo]
vuurtoren (de)	мино	[mino]
duiken (ww)	ғӯта задан	[ʁœta zadan]
zinken (ov. een boot)	ғарқ шудан	[ʁarq ʃudan]
schatten (mv.)	ганҷ	[gandʒ]

168. Bergen

berg (de)	кӯҳ	[kœh]
bergketen (de)	силсилакӯҳ	[silsilakœh]
gebergte (het)	қаторкӯҳ	[qatorkœh]
bergtop (de)	кулла	[kulla]
bergpiek (de)	қулла	[qulla]
voet (ov. de berg)	доманаи кӯҳ	[domanai kœh]
helling (de)	нишебӣ	[niʃebi:]
vulkaan (de)	вулқон	[vulqon]
actieve vulkaan (de)	вулқони амалкунанда	[vulqoni amalkunanda]
uitgedoofde vulkaan (de)	вулқони хомӯшшуда	[vulqoni χomœʃʃuda]
uitbarsting (de)	оташфишонӣ	[otaʃfiʃoni:]
krater (de)	танӯра	[tanœra]
magma (het)	магма, тафта	[magma], [tafta]
lava (de)	гудоза	[gudoza]

gloeiend (~e lava)	тафта	[tafta]
kloof (canyon)	оббурда, дара	[obburda], [dara]
bergkloof (de)	дара	[dara]
spleet (de)	тангно	[tangno]
afgrond (de)	партгох	[partgoh]

bergpas (de)	ағба	[aʁba]
plateau (het)	пуштаи кӯҳ	[puʃtai kœh]
klip (de)	шух	[ʃuχ]
heuvel (de)	теппа	[teppa]

gletsjer (de)	пирях	[pirjaχ]
waterval (de)	шаршара	[ʃarʃara]
geiser (de)	гейзер	[gejzer]
meer (het)	кул	[kul]

vlakte (de)	ҳамворй	[hamvori:]
landschap (het)	манзара	[manzara]
echo (de)	акси садо	[aksi sado]

alpinist (de)	кӯҳнавард	[kœhnavard]
bergbeklimmer (de)	шухпаймо	[ʃuχpajmo]
trotseren (berg ~)	фатх кардан	[fath kardan]
beklimming (de)	болобарой	[bolobaroi:]

169. Rivieren

rivier (de)	дарё	[darjɔ]
bron (~ van een rivier)	чашма	[ʧaʃma]
rivierbedding (de)	мачрои дарё	[madʒroi darjɔ]
rivierbekken (het)	ҳавза	[havza]
uitmonden in ...	рехтан ба ...	[reχtan ba]

| zijrivier (de) | шохоб | [ʃoχob] |
| oever (de) | сохил | [sohil] |

stroming (de)	чараён	[dʒarajɔn]
stroomafwaarts (bw)	мувофиқи рафти об	[muvofiqi rafti ob]
stroomopwaarts (bw)	муқобили самти об	[muqobili samti ob]

overstroming (de)	обхезй	[obχezi:]
overstroming (de)	обхез	[obχez]
buiten zijn oevers treden	дамидан	[damidan]
overstromen (ww)	зер кардан	[zer kardan]

| zandbank (de) | тунукоба | [tunukoba] |
| stroomversnelling (de) | мавчрез | [mavdʒrez] |

dam (de)	сарбанд	[sarband]
kanaal (het)	канал	[kanal]
spaarbekken (het)	обанбор	[obanbor]
sluis (de)	шлюз	[ʃljuz]
waterlichaam (het)	обанбор	[obanbor]
moeras (het)	ботлоқ, ботқоқ	[botloq], [botqoq]

| broek (het) | ботлоқ | [botloq] |
| draaikolk (de) | гирдоб | [girdob] |

stroom (de)	чӯй	[ʤœj]
drink- (abn)	нӯшиданӣ	[nœʃidani:]
zoet (~ water)	ширин	[ʃirin]

| IJs (het) | ях | [jaχ] |
| bevriezen (rivier, enz.) | ях бастан | [jaχ bastan] |

170. Bos

| bos (het) | чангал | [ʤangal] |
| bos- (abn) | чангалӣ | [ʤangali:] |

oerwoud (dicht bos)	чангалзор	[ʤangalzor]
bosje (klein bos)	дарахтзор	[daraχtzor]
open plek (de)	чаман	[ʧaman]

| struikgewas (het) | буттазор | [buttazor] |
| struiken (mv.) | буттазор | [buttazor] |

| paadje (het) | пайраҳа | [pajraha] |
| ravijn (het) | оббурда | [obburda] |

boom (de)	дарахт	[daraχt]
blad (het)	барг	[barg]
gebladerte (het)	баргҳои дарахт	[barghoi daraχt]

vallende bladeren (mv.)	баргрезӣ	[bargrezi:]
vallen (ov. de bladeren)	рехтан	[reχtan]
boomtop (de)	нӯг	[nœg]

tak (de)	шох, шохча	[ʃoχ], [ʃoχʧa]
ent (de)	шохи дарахг	[ʃoχi daraχg]
knop (de)	муғча	[muʁʤa]
naald (de)	сӯзан	[sœzan]
dennenappel (de)	чалғӯза	[ʤalʁœza]

boom holte (de)	сӯрохи дарахт	[sœroχi daraχt]
nest (het)	ошёна, лона	[oʃjona], [lona]
hol (het)	хона	[χona]

stam (de)	тана	[tana]
wortel (bijv. boom~s)	реша	[reʃa]
schors (de)	пӯсти дарахт	[pœsti daraχt]
mos (het)	ушна	[uʃna]

ontwortelen (een boom)	реша кофтан	[reʃa koftan]
kappen (een boom ~)	зада буридан	[zada buridan]
ontbossen (ww)	бурида нест кардан	[burida nest kardan]
stronk (de)	кундаи дарахт	[kundai daraχt]
kampvuur (het)	гулхан	[gulχan]
bosbrand (de)	сӯхтор, оташ	[sœχtor], [otaʃ]

blussen (ww)	хомӯш кардан	[χomœʃ kardan]
boswachter (de)	чангалбон	[ʤangalbon]
bescherming (de)	нигоҳбонй	[nigohboni:]
beschermen	нигоҳбонй кардан	[nigohboni: kardan]
(bijv. de natuur ~)		
stroper (de)	қӯруқшикан	[qœruqʃikan]
val (de)	қапқон, дом	[qapqon], [dom]

| plukken (vruchten, enz.) | чидан | [ʧidan] |
| verdwalen (de weg kwijt zijn) | роҳ гум кардан | [roh gum kardan] |

171. Natuurlijke hulpbronnen

natuurlijke rijkdommen (mv.)	захираҳои табий	[zaχirahoi tabi:i:]
delfstoffen (mv.)	маъданҳои фоиданок	[ma'danhoi foidanok]
lagen (mv.)	кон, маъдаи	[kon], [ma'dai]
veld (bijv. olie~)	кон	[kon]

winnen (uit erts ~)	кандан	[kandan]
winning (de)	кандани̌	[kandani:]
erts (het)	маъдан	[ma'dan]
mijn (bijv. kolenmijn)	кон	[kon]
mijnschacht (de)	чоҳ	[ʧoh]
mijnwerker (de)	конкан	[konkan]

| gas (het) | газ | [gaz] |
| gasleiding (de) | қубури газ | [quburi gaz] |

olie (aardolie)	нефт	[neft]
olieleiding (de)	қубури нефт	[quburi neft]
oliebron (de)	чоҳи нафт	[ʧohi naft]
boortoren (de)	бурчи нафткашӣ	[burʤi naftkaʃi:]
tanker (de)	танкер	[tanker]

zand (het)	рег	[reg]
kalksteen (de)	оҳаксанг	[ohaksang]
grind (het)	сангреза, шағал	[sangreza], [ʃaʁal]
veen (het)	торф	[torf]
klei (de)	гил	[gil]
steenkool (de)	ангишт	[angiʃt]

IJzer (het)	оҳан	[ohan]
goud (het)	зар, тилло	[zar], [tillo]
zilver (het)	нуқра	[nuqra]
nikkel (het)	никел	[nikel]
koper (het)	мис	[mis]

zink (het)	руҳ	[ruh]
mangaan (het)	манган	[mangan]
kwik (het)	симоб	[simob]
lood (het)	сурб	[surb]

| mineraal (het) | минерал, маъдан | [mineral], [ma'dan] |
| kristal (het) | булӯр, шӯша | [bulœr], [ʃœʃa] |

| marmer (het) | мармар | [marmar] |
| uraan (het) | уран | [uran] |

De Aarde. Deel 2

172. Weer

weer (het)	обу ҳаво	[obu havo]
weersvoorspelling (de)	пешгӯии ҳаво	[peʃɡœi:i havo]
temperatuur (de)	ҳарорат	[harorat]
thermometer (de)	ҳароратсанҷ	[haroratsandʒ]
barometer (de)	барометр, ҳавосанҷ	[barometr], [havosandʒ]
vochtig (bn)	намнок	[namnok]
vochtigheid (de)	намӣ, рутубат	[nami:], [rutubat]
hitte (de)	гармӣ	[garmi:]
heet (bn)	тафсон	[tafson]
het is heet	ҳаво тафсон аст	[havo tafson ast]
het is warm	ҳаво гарм аст	[havo garm ast]
warm (bn)	гарм	[garm]
het is koud	ҳаво сард аст	[havo sard ast]
koud (bn)	хунук, сард	[χunuk], [sard]
zon (de)	офтоб	[oftob]
schijnen (de zon)	тобидан	[tobidan]
zonnig (~e dag)	... и офтоб	[i oftob]
opgaan (ov. de zon)	баромадан	[baromadan]
ondergaan (ww)	паст шудан	[past ʃudan]
wolk (de)	абр	[abr]
bewolkt (bn)	... и абр, абрӣ	[i abr], [abri:]
regenwolk (de)	абри сиёҳ	[abri sijoh]
somber (bn)	абрнок	[abrnok]
regen (de)	борон	[boron]
het regent	борон меборад	[boron meborad]
regenachtig (bn)	серборон	[serboron]
motregenen (ww)	сим-сим боридан	[sim-sim boridan]
plensbui (de)	борони сахт	[boroni saχt]
stortbui (de)	борони сел	[boroni sel]
hard (bn)	сахт	[saχt]
plas (de)	кӯлмак	[kœlmak]
nat worden (ww)	шилтиқ шудан	[ʃiltiq ʃudan]
mist (de)	туман	[tuman]
mistig (bn)	... и туман	[i tuman]
sneeuw (de)	барф	[barf]
het sneeuwt	барф меборад	[barf meborad]

173. Zwaar weer. Natuurrampen

noodweer (storm)	раъду барк	[ra'du bark]
bliksem (de)	барқ	[barq]
flitsen (ww)	дурахшидан	[duraxʃidan]
donder (de)	тундар	[tundar]
donderen (ww)	гулдуррос задан	[guldurros zadan]
het dondert	раъд гулдуррос мезанад	[ra'd guldurros mezanad]
hagel (de)	жола	[ʒola]
het hagelt	жола меборад	[ʒola meborad]
overstromen (ww)	зер кардан	[zer kardan]
overstroming (de)	обхезй	[obxezi:]
aardbeving (de)	заминчунбй	[zamindʒunbi:]
aardschok (de)	заминчунбй,такон	[zamindʒunbi:,takon]
epicentrum (het)	эпимарказ	[ɛpimarkaz]
uitbarsting (de)	оташфишонй	[otaʃfiʃoni:]
lava (de)	гудоза	[gudoza]
wervelwind (de)	гирдбод	[girdbod]
windhoos (de)	торнадо	[tornado]
tyfoon (de)	тӯфон	[tœfon]
orkaan (de)	тундбод	[tundbod]
storm (de)	тӯфон, бӯрои	[tœfon], [bœroi]
tsunami (de)	сунами	[sunami]
cycloon (de)	сиклон	[siklon]
onweer (het)	ҳавои бад	[havoi bad]
brand (de)	сӯхтор, оташ	[sœxtor], [otaʃ]
ramp (de)	садама, фалокат	[sadama], [falokat]
meteoriet (de)	метеорит, шихобпора	[meteorit], [ʃihobpora]
lawine (de)	тарма	[tarma]
sneeuwverschuiving (de)	тарма	[tarma]
sneeuwjacht (de)	бӯрони барфй	[bœroni barfi:]
sneeuwstorm (de)	бӯрон	[bœron]

Fauna

174. Zoogdieren. Roofdieren

roofdier (het)	дарранда	[darranda]
tijger (de)	бабр, паланг	[babr], [palang]
leeuw (de)	шер	[ʃer]
wolf (de)	гург	[gurg]
vos (de)	рӯбоҳ	[rœboh]
jaguar (de)	юзи ало	[juzi alo]
luipaard (de)	паланг	[palang]
jachtluipaard (de)	юз	[juz]
panter (de)	пантера	[pantera]
poema (de)	пума	[puma]
sneeuwluipaard (de)	шерпаланг	[ʃerpalang]
lynx (de)	силовсин	[silovsin]
coyote (de)	койот	[kojɔt]
jakhals (de)	шагол	[ʃagol]
hyena (de)	кафтор	[kaftor]

175. Wilde dieren

dier (het)	ҳайвон	[hajvon]
beest (het)	ҳайвони ваҳшӣ	[hajvoni vahʃi:]
eekhoorn (de)	санҷоб	[sandʒob]
egel (de)	хорпушт	[χorpuʃt]
haas (de)	заргӯш	[zargœʃ]
konijn (het)	харгӯш	[χargœʃ]
das (de)	қашқалдоқ	[qaʃqaldoq]
wasbeer (de)	енот	[enot]
hamster (de)	миримӯшон	[mirimœʃon]
marmot (de)	суғур	[suʁur]
mol (de)	кӯрмуш	[kœrmuʃ]
muis (de)	муш	[muʃ]
rat (de)	калламуш	[kallamuʃ]
vleermuis (de)	кӯршапарак	[kœrʃaparak]
hermelijn (de)	қоқум	[qoqum]
sabeldier (het)	самур	[samur]
marter (de)	савсор	[savsor]
wezel (de)	росу	[rosu]
nerts (de)	вашақ	[vaʃaq]

| bever (de) | кундуз | [kunduz] |
| otter (de) | сагоби | [sagobi] |

paard (het)	асп	[asp]
eland (de)	шоҳгавазн	[ʃohgavazn]
hert (het)	гавазн	[gavazn]
kameel (de)	шутур, уштур	[ʃutur], [uʃtur]

bizon (de)	бизон	[bizon]
oeros (de)	гови ваҳшй	[govi vahʃi:]
buffel (de)	говмеш	[govmeʃ]

zebra (de)	гӯрхар	[gœrχar]
antilope (de)	антилопа, ғизол	[antilopa], [ʁizol]
ree (de)	оху	[ohu]
damhert (het)	оху	[ohu]
gems (de)	нахчир, бузи кӯҳӣ	[naχtʃir], [buzi kœhi:]
everzwijn (het)	хуки ваҳши	[χuki vahʃi]

walvis (de)	кит, наҳанг	[kit], [nahang]
rob (de)	тюлен	[tjulen]
walrus (de)	морж	[morʒ]
zeehond (de)	гурбаи обӣ	[gurbai obi:]
dolfijn (de)	делфин	[delfin]

beer (de)	хирс	[χirs]
IJsbeer (de)	хирси сафед	[χirsi safed]
panda (de)	панда	[panda]

aap (de)	маймун	[majmun]
chimpansee (de)	шимпанзе	[ʃimpanze]
orang-oetan (de)	орангутанг	[orangutang]
gorilla (de)	горилла	[gorilla]
makaak (de)	макака	[makaka]
gibbon (de)	гиббон	[gibbon]

olifant (de)	фил	[fil]
neushoorn (de)	карк, каркадан	[kark], [karkadan]
giraffe (de)	заррофа	[zarrofa]
nijlpaard (het)	баҳмут	[bahmut]

| kangoeroe (de) | кенгуру | [kenguru] |
| koala (de) | коала | [koala] |

mangoest (de)	росу	[rosu]
chinchilla (de)	вашақ	[vaʃaq]
stinkdier (het)	скунс	[skuns]
stekelvarken (het)	чайра, дугпушт	[dʒajra], [dugpuʃt]

176. Huisdieren

poes (de)	гурба	[gurba]
kater (de)	гурбаи нар	[gurbai nar]
hond (de)	саг	[sag]

paard (het)	асп	[asp]
hengst (de)	айғир, аспи нар	[ajʁir], [aspi nar]
merrie (de)	модиён, байтал	[modijɔn], [bajtal]

koe (de)	гов	[gov]
stier (de)	барзагов	[barzagov]
os (de)	барзагов	[barzagov]

schaap (het)	меш, гӯсфанд	[meʃ], [gœsfand]
ram (de)	гӯсфанд	[gœsfand]
geit (de)	буз	[buz]
bok (de)	така, серка	[taka], [serka]

ezel (de)	хар, маркаб	[χar], [markab]
muilezel (de)	хачир	[χatʃir]

varken (het)	хук	[χuq]
biggetje (het)	хукбача	[χukbatʃa]
konijn (het)	харгӯш	[χargœʃ]

kip (de)	мурғ	[murʁ]
haan (de)	хурӯс	[χurœs]

eend (de)	мурғобӣ	[murʁobi:]
woerd (de)	мурғобии нар	[murʁobi:i nar]
gans (de)	қоз, ғоз	[qoz], [ʁoz]

kalkoen haan (de)	хурӯси мурғи марчон	[χurœsi murʁi mardʒon]
kalkoen (de)	мокиёни мурғи марчон	[mokijɔni murʁi mardʒon]

huisdieren (mv.)	ҳайвони хонагӣ	[hajvoni χonagi:]
tam (bijv. hamster)	ромшуда	[romʃuda]
temmen (tam maken)	дастомӯз кардан	[dastomœz kardan]
fokken (bijv. paarden ~)	калон кардан	[kalon kardan]

boerderij (de)	ферма	[ferma]
gevogelte (het)	паррандаи хонагӣ	[parrandai χonagi:]
rundvee (het)	чорво	[tʃorvo]
kudde (de)	пода	[poda]

paardenstal (de)	саисхона, аспхона	[saisχona], [aspχona]
zwijnenstal (de)	хукхона	[χukχona]
koeienstal (de)	оғил, говхона	[oʁil], [govχona]
konijnenhok (het)	харгӯшхона	[χargœʃχona]
kippenhok (het)	мурғхона	[murʁχona]

177. Honden. Hondenrassen

hond (de)	саг	[sag]
herdershond (de)	саги чӯпонӣ	[sagi tʃœponi:]
Duitse herdershond (de)	афчаркаи немисӣ	[aftʃarkai nemisi:]
poedel (de)	пудел	[pudel]
teckel (de)	такса	[taksa]
buldog (de)	булдог	[buldog]

boxer (de)	боксёр	[boksjɔr]
mastiff (de)	мастиф	[mastif]
rottweiler (de)	ротвейлер	[rotvejler]
doberman (de)	доберман	[doberman]

basset (de)	бассет	[basset]
bobtail (de)	бобтейл	[bobtejl]
dalmatièr (de)	далматинес	[dalmatines]
cockerspaniël (de)	кокер-спаниел	[koker-spaniel]

| newfoundlander (de) | нюфаунленд | [njufaunlend] |
| sint-bernard (de) | сенбернар | [senbernar] |

poolhond (de)	хаски	[χaski]
chowchow (de)	чау-чау	[ʧau-ʧau]
spits (de)	шпитс	[ʃpits]
mopshond (de)	мопс, саги хонагӣ	[mops], [sagi χonagi:]

178. Dierengeluiden

geblaf (het)	аккос	[akkos]
blaffen (ww)	аккос задан	[akkos zadan]
miauwen (ww)	мияв-мияв кардан	[mijav-mijav kardan]
spinnen (katten)	мав-мав кардан	[mav-mav kardan]

loeien (ov. een koe)	маос задан	[maos zadan]
brullen (stier)	ғурридан	[ʁurridan]
grommen (ov. de honden)	ғуррос задан	[ʁurros zadan]

gehuil (het)	уллос	[ullos]
huilen (wolf, enz.)	уллос кашидан	[ullos kaʃidan]
janken (ov. een hond)	мингос задан	[mingos zadan]

mekkeren (schapen)	баос задан	[baos zadan]
knorren (varkens)	хур-хур кардан	[χur-χur kardan]
gillen (bijv. varken)	вангас кардан	[vangas kardan]

kwaken (kikvorsen)	вақ-вақ кардан	[vaq-vaq kardan]
zoemen (hommel, enz.)	виззос задан	[vizzos zadan]
tjirpen (sprinkhanen)	чиррос задан	[ʧirros zadan]

179. Vogels

vogel (de)	паранда	[paranda]
duif (de)	кафтар	[kaftar]
mus (de)	гунчишк, чумчук	[gundʒiʃk], [ʧumʧuk]
koolmees (de)	фотимачумчуқ	[fotimaʧumʧuq]
ekster (de)	акка	[akka]

raaf (de)	зоғ	[zoʁ]
kraai (de)	зоғи ало	[zoʁi alo]
kauw (de)	зоғча	[zoʁʧa]

roek (de)	шӯрнӯл	[ʃœrnœl]
eend (de)	мурғобӣ	[murʁobi:]
gans (de)	қоз, ғоз	[qoz], [ʁoz]
fazant (de)	тазарв	[tazarv]

arend (de)	укоб	[ukob]
havik (de)	пайғу	[pajʁu]
valk (de)	боз, шоҳин	[boz], [ʃohin]
gier (de)	каргас	[kargas]
condor (de)	кондор	[kondor]

zwaan (de)	қу	[qu]
kraanvogel (de)	куланг, турна	[kulang], [turna]
ooievaar (de)	лаклак	[laklak]
papegaai (de)	тӯтӣ	[tœti:]
kolibrie (de)	колибри	[kolibri]
pauw (de)	товус	[tovus]

struisvogel (de)	шутурмурғ	[ʃuturmurʁ]
reiger (de)	ҳавосил	[havosil]
flamingo (de)	бутимор	[butimor]
pelikaan (de)	мурғи сакко	[murʁi saqqo]

nachtegaal (de)	булбул	[bulbul]
zwaluw (de)	фароштурук	[faroʃturuk]
lijster (de)	дурроҷ	[durrodʒ]
zanglijster (de)	дуррочи хушхон	[durrodʒi χuʃχon]
merel (de)	дуррочи сиёҳ	[durrodʒi sijɔh]

gierzwaluw (de)	досак	[dosak]
leeuwerik (de)	чӯр, чаковак	[dʒœr], [tʃakovak]
kwartel (de)	бедона	[bedona]

koekoek (de)	фохтак	[foχtak]
uil (de)	бум, чуғз	[bum], [dʒuʁz]
oehoe (de)	чуғз	[tʃuʁz]
auerhoen (het)	дурроҷ	[durrodʒ]
korhoen (het)	титав	[titav]
patrijs (de)	кабк, каклик	[kabk], [kaklik]

spreeuw (de)	сор, соч	[sor], [sotʃ]
kanarie (de)	канарейка	[kanarejka]
hazelhoen (het)	рябчик	[rjabtʃik]
vink (de)	саъва	[sa'va]
goudvink (de)	севғар	[sevʁar]

meeuw (de)	моҳихӯрак	[mohiχœrak]
albatros (de)	уқоби баҳрӣ	[uqobi bahri:]
pinguïn (de)	пингвин	[pingvin]

180. Vogels. Zingen en geluiden

fluiten, zingen (ww)	хондан	[χondan]
schreeuwen (dieren, vogels)	наъра кашидан	[na'ra kaʃidan]

kraaien (ov. een haan)	чеғи хурӯс	[dʒeʁi χurœs]
kukeleku	қу-қу-қу-ку	[qu-qu-qu-ku]

klokken (hen)	қут-қут кардан	[qut-qut kardan]
krassen (kraai)	қарқар кардан	[qarqar kardan]
kwaken (eend)	ғоқ-ғок кардан	[ʁoq-ʁok kardan]
piepen (kuiken)	чй-чй кардан	[tʃi:-tʃi: kardan]
tjilpen (bijv. een mus)	чириқ-чириқ кардан	[tʃiriq-tʃiriq kardan]

181. Vis. Zeedieren

brasem (de)	симмоҳӣ	[simmohi:]
karper (de)	капур	[kapur]
baars (de)	аломоҳӣ	[alomohi:]
meerval (de)	лаққамоҳӣ	[laqqamohi:]
snoek (de)	шӯртан	[ʃœrtan]

zalm (de)	озодмоҳӣ	[ozodmohi:]
steur (de)	тосмоҳӣ	[tosmohi:]

haring (de)	шӯрмоҳӣ	[ʃœrmohi:]
atlantische zalm (de)	озодмоҳӣ	[ozodmoχi:]

makreel (de)	зағӯтамоҳӣ	[zaʁœtamohi:]
platvis (de)	камбала	[kambala]

snoekbaars (de)	суфмоҳӣ	[sufmohi:]
kabeljauw (de)	равғанмоҳӣ	[ravʁanmohi:]

tonijn (de)	самак	[samak]
forel (de)	гулмоҳӣ	[gulmohi:]

paling (de)	мормоҳӣ	[mormohi:]
sidderrog (de)	скати барқдор	[skati barqdor]

murene (de)	мурена	[murena]
piranha (de)	пираня	[piranja]

haai (de)	наҳанг	[nahang]
dolfijn (de)	делфин	[delfin]
walvis (de)	кит, наҳанг	[kit], [nahang]

krab (de)	харчанг	[χartʃang]
kwal (de)	медуза	[meduza]
octopus (de)	ҳаштпо	[haʃtpo]

zeester (de)	ситораи баҳрӣ	[sitorai bahri:]
zee-egel (de)	хорпушти баҳрӣ	[χorpuʃti bahri:]
zeepaardje (het)	аспакмоҳӣ	[aspakmohi:]

oester (de)	садафак	[sadafak]
garnaal (de)	креветка	[krevetka]
kreeft (de)	харчанги баҳрӣ	[χartʃangi bahri:]
langoest (de)	лангуст	[langust]

182. Amfibieën. Reptielen

slang (de)	мор	[mor]
giftig (slang)	заҳрдор	[zahrdor]
adder (de)	мори афъӣ	[mori af'i:]
cobra (de)	мори айнакдор, кӯбро	[mori ajnakdor], [kœbro]
python (de)	мори печон	[mori petʃon]
boa (de)	мори печон	[mori petʃon]
ringslang (de)	мори обӣ	[mori obi:]
ratelslang (de)	шақшақамор	[ʃaqʃaqamor]
anaconda (de)	анаконда	[anakonda]
hagedis (de)	калтакалос	[kaltakalos]
leguaan (de)	сусмор, игуана	[susmor], [iguana]
varaan (de)	сусмор	[susmor]
salamander (de)	калтакалос	[kaltakalos]
kameleon (de)	бӯқаламун	[bœqalamun]
schorpioen (de)	каждум	[kaʒdum]
schildpad (de)	сангпушт	[sangpuʃt]
kikker (de)	қурбоққа	[qurboqqa]
pad (de)	ғук, қурбоққаи чӯлӣ	[ʁuk], [qurboqqai tʃœli:]
krokodil (de)	тимсоҳ	[timsoh]

183. Insecten

insect (het)	ҳашарот	[haʃarot]
vlinder (de)	шапалак	[ʃapalak]
mier (de)	мӯрча	[mœrtʃa]
vlieg (de)	магас	[magas]
mug (de)	пашша	[paʃʃa]
kever (de)	гамбуск	[gambusk]
wesp (de)	ору	[oru]
bij (de)	занбӯри асал	[zanbœri asal]
hommel (de)	говзанбӯр	[govzanbœr]
horzel (de)	ғурмагас	[ʁurmagas]
spin (de)	тортанак	[tortanak]
spinnenweb (het)	тори тортанак	[tori tortanak]
libel (de)	сӯзанак	[sœzanak]
sprinkhaan (de)	малах	[malaχ]
nachtvlinder (de)	шапалак	[ʃapalak]
kakkerlak (de)	нонхӯрак	[nonχœrak]
mijt (de)	кана	[kana]
vlo (de)	кайк	[kajk]
kriebelmug (de)	пашша	[paʃʃa]
treksprinkhaan (de)	малах	[malaχ]
slak (de)	тӯкумшуллуқ	[tœkumʃulluq]

krekel (de)	чирчирак	[tʃirtʃirak]
glimworm (de)	шабтоб	[ʃabtob]
lieveheersbeestje (het)	момохолак	[momoχolak]
meikever (de)	гамбуски саврӣ	[gambuski savri:]
bloedzuiger (de)	шуллук	[ʃulluk]
rups (de)	кирм	[kirm]
aardworm (de)	кирм	[kirm]
larve (de)	кирм	[kirm]

184. Dieren. Lichaamsdelen

snavel (de)	нӯл, минқор	[nœl], [minqor]
vleugels (mv.)	қанот	[qanot]
poot (ov. een vogel)	пой	[poj]
verenkleed (het)	болу пар	[bolu par]
veer (de)	пар	[par]
kuifje (het)	пӯпӣ	[pœpi:]
kieuwen (mv.)	ғалсама	[ʁalsama]
kuit, dril (de)	тухм	[tuχm]
larve (de)	кирм, кирмак	[kirm], [kirmak]
vin (de)	қаноти моҳӣ	[qanoti mohi:]
schubben (mv.)	пулакча	[pulaktʃa]
slagtand (de)	дандони ашк	[dandoni aʃk]
poot (bijv. ~ van een kat)	панча	[pandʒa]
muil (de)	фук	[fuk]
bek (mond van dieren)	даҳон	[dahon]
staart (de)	дум	[dum]
snorharen (mv.)	муйлаб, бурут	[mujlab], [burut]
hoef (de)	сум	[sum]
hoorn (de)	шох	[ʃoχ]
schild (schildpad, enz.)	косаи сангпушт	[kosai sangpuʃt]
schelp (de)	гӯшмоҳӣ, садаф	[gœʃmohi:], [sadaf]
eierschaal (de)	пӯчоқи тухм	[pœtʃoqi tuχm]
vacht (de)	пашм	[paʃm]
huid (de)	пуст	[pust]

185. Dieren. Leefomgevingen

leefgebied (het)	муҳити ҳаёт	[muhiti hajot]
migratie (de)	кӯчидан	[kœtʃidan]
berg (de)	кӯҳ	[kœh]
rif (het)	харсанги зериобӣ	[χarsangi zeriobi:]
klip (de)	шух	[ʃuχ]
bos (het)	чангал	[dʒangal]
jungle (de)	чангал	[dʒangal]

| savanne (de) | саванна | [savanna] |
| toendra (de) | тундра | [tundra] |

steppe (de)	дашт, чӯл	[daʃt], [tʃœl]
woestijn (de)	биёбон	[bijɔbon]
oase (de)	воҳа	[voha]

zee (de)	баҳр	[bahr]
meer (het)	кул	[kul]
oceaan (de)	уқёнус	[uqjɔnus]

moeras (het)	ботлоқ, ботқоқ	[botloq], [botqoq]
zoetwater- (abn)	... и оби ширин	[i obi ʃirin]
vijver (de)	сарҳавз	[sarhavz]
rivier (de)	дарё	[darjɔ]

berenhol (het)	хонаи хирс	[χonai χirs]
nest (het)	ошёна, лона	[oʃjɔna], [lona]
boom holte (de)	сӯрохи дарахт	[sœroχi daraχt]
hol (het)	хона	[χona]
mierenhoop (de)	мӯрчахона	[mœrtʃaχona]

Flora

186. Bomen

boom (de)	дарахт	[daraχt]
loof- (abn)	паҳнбарг	[pahnbarg]
dennen- (abn)	... и сӯзанбарг	[i sœzanbarg]
groenblijvend (bn)	ҳамешасабз	[hameʃasabz]
appelboom (de)	дарахти себ	[daraχti seb]
perenboom (de)	дарахти нок	[daraχti nok]
zoete kers (de)	дарахти гелос	[daraχti gelos]
zure kers (de)	дарахти олуболу	[daraχti olubolu]
pruimelaar (de)	дарахти олу	[daraχti olu]
berk (de)	тӯс	[tœs]
eik (de)	булут	[bulut]
linde (de)	зерфун	[zerfun]
esp (de)	сиёхбед	[sijɔhbed]
esdoorn (de)	заранг	[zarang]
spar (de)	коч, ел	[kodʒ], [el]
den (de)	санавбар	[sanavbar]
lariks (de)	коҷи баргрез	[kodʒi bargrez]
zilverspar (de)	пихта	[piχta]
ceder (de)	дарахти ҷалгӯза	[daraχti dʒalʁœza]
populier (de)	сафедор	[safedor]
lijsterbes (de)	губайро	[ʁubajro]
wilg (de)	бед	[bed]
els (de)	роздор	[rozdor]
beuk (de)	бук, олаш	[buk], [olaʃ]
iep (de)	дарахти ларг	[daraχti larg]
es (de)	шумтол	[ʃumtol]
kastanje (de)	шоҳбулут	[ʃohbulut]
magnolia (de)	магнолия	[magnolija]
palm (de)	нахл	[naχl]
cipres (de)	дарахти сарв	[daraχti sarv]
mangrove (de)	дарахти анбаҳ	[daraχti anbah]
baobab (apenbroodboom)	баобаб	[baobab]
eucalyptus (de)	эвкалипт	[ɛvkalipt]
mammoetboom (de)	секвойя	[sekvojja]

187. Heesters

struik (de)	бутта	[butta]
heester (de)	бутта	[butta]

wijnstok (de)	ток	[tok]
wijngaard (de)	токзор	[tokzor]

frambozenstruik (de)	тамашк	[tamaʃk]
zwarte bes (de)	қоти сиёҳ	[qoti sijɔh]
rode bessenstruik (de)	коти сурх	[koti surχ]
kruisbessenstruik (de)	бектошӣ	[bektoʃiː]

acacia (de)	акатсия, ақоқиё	[akatsija], [aqoqijɔ]
zuurbes (de)	буттаи зирк	[buttai zirk]
jasmijn (de)	ёсуман	[jɔsuman]

jeneverbes (de)	арча, ардач	[artʃa], [ardadʒ]
rozenstruik (de)	буттаи гул	[buttai gul]
hondsroos (de)	хуч	[χutʃ]

188. Champignons

paddenstoel (de)	занбӯруғ	[zanbœruʁ]
eetbare paddenstoel (de)	занбӯруғи хӯрданӣ	[zanbœruʁi χœrdaniː]
giftige paddenstoel (de)	занбӯруғи заҳрнок	[zanbœruʁi zahrnok]
hoed (de)	кулоҳаки занбӯруғ	[kulohaki zanbœruʁ]
steel (de)	тана	[tana]

gewoon eekhoorntjesbrood (het)	занбӯруғи сафед	[zanbœruʁi safed]
rosse populierenboleet (de)	занбӯруғи сурх	[zanbœruʁi surχ]
berkenboleet (de)	занбӯруғи тӯсӣ	[zanbœruʁi tœsiː]
cantharel (de)	кӯзиқандӣ	[qœziqandiː]
russula (de)	занбӯруғи хомхӯрак	[zanbœruʁi χomχœrak]

morille (de)	бурмазанбӯруғ	[burmazanbœruʁ]
vliegenzwam (de)	маргимагас	[margimagas]
groene knolzwam (de)	занбӯруғи заҳрнок	[zanbœruʁi zahrnok]

189. Vruchten. Bessen

vrucht (de)	мева, самар	[meva], [samar]
vruchten (mv.)	меваҳо, самарҳо	[mevaho], [samarho]

appel (de)	себ	[seb]
peer (de)	мурӯд, нок	[murœd], [nok]
pruim (de)	олу	[olu]

aardbei (de)	қулфинай	[qulfinaj]
zure kers (de)	олуболу	[olubolu]
zoete kers (de)	гелос	[gelos]
druif (de)	ангур	[angur]

framboos (de)	тамашк	[tamaʃk]
zwarte bes (de)	қоти сиёҳ	[qoti sijɔh]
rode bes (de)	коти сурх	[koti surχ]

175

kruisbes (de)	бектоши	[bektoʃi:]
veenbes (de)	клюква	[kljukva]

sinaasappel (de)	афлесун, пӯртахол	[aflesun], [pœrtaχol]
mandarijn (de)	норанг	[norang]
ananas (de)	ананас	[ananas]
banaan (de)	банан	[banan]
dadel (de)	хурмо	[χurmo]

citroen (de)	лиму	[limu]
abrikoos (de)	дарахти зардолу	[daraχti zardolu]
perzik (de)	шафтолу	[ʃaftolu]
kiwi (de)	кивй	[kivi:]
grapefruit (de)	норинч	[norindʒ]

bes (de)	буттамева	[buttameva]
bessen (mv.)	буттамевахо	[buttamevaho]
vossenbes (de)	брусника	[brusnika]
bosaardbei (de)	тути заминй	[tuti zamini:]
bosbes (de)	черника	[tʃernika]

190. Bloemen. Planten

bloem (de)	гул	[gul]
boeket (het)	дастаи гул	[dastai gul]

roos (de)	гул, гули садбарг	[gul], [guli sadbarg]
tulp (de)	лола	[lola]
anjer (de)	гули мехак	[guli meχak]
gladiool (de)	гули ёқут	[guli joqut]

korenbloem (de)	тугмагул	[tugmagul]
klokje (het)	гули момо	[guli momo]
paardenbloem (de)	коқу	[koqu]
kamille (de)	бобуна	[bobuna]

aloè (de)	уд, сабр, алоэ	[ud], [sabr], [aloɛ]
cactus (de)	гули ханчарй	[guli χandʒari:]
ficus (de)	тутанчир	[tutandʒir]

lelie (de)	савсан	[savsan]
geranium (de)	анчибар	[andʒibar]
hyacint (de)	сунбул	[sunbul]

mimosa (de)	нозгул	[nozgul]
narcis (de)	наргис	[nargis]
Oostindische kers (de)	настаран	[nastaran]

orchidee (de)	сахлаб, сӯхлаб	[sahlab], [sœhlab]
pioenroos (de)	гули ашрафй	[guli aʃrafi:]
viooltje (het)	бунафша	[bunafʃa]

driekleurig viooltje (het)	бунафшаи фарангй	[bunafʃai farangi:]
vergeet-mij-nietje (het)	марзангӯш	[marzangœʃ]

madeliefje (het)	гули марворидак	[guli marvoridak]
papaver (de)	кӯкнор	[kœknor]
hennep (de)	бангдона, канаб	[bangdona], [kanab]
munt (de)	пудина	[pudina]

lelietje-van-dalen (het)	гули барфак	[guli barfak]
sneeuwklokje (het)	бойчечак	[bojtʃetʃak]

brandnetel (de)	газна	[gazna]
veldzuring (de)	шилха	[ʃilχa]
waterlelie (de)	нилуфари сафед	[nilufari safed]
varen (de)	фарн	[farn]
korstmos (het)	гулсанг	[gulsang]

oranjerie (de)	гулхона	[gulχona]
gazon (het)	чаман, сабзазор	[tʃaman], [sabzazor]
bloemperk (het)	гулзор	[gulzor]

plant (de)	растанй	[rastani:]
gras (het)	алаф	[alaf]
grasspriet (de)	хас	[χas]

blad (het)	барг	[barg]
bloemblad (het)	гулбарг	[gulbarg]
stengel (de)	поя	[poja]
knol (de)	бех, дона	[beχ], [dona]

scheut (de)	неш	[neʃ]
doorn (de)	хор	[χor]

bloeien (ww)	гул кардан	[gul kardan]
verwelken (ww)	пажмурда шудан	[paʒmurda ʃudan]
geur (de)	бӯй	[bœj]
snijden (bijv. bloemen ~)	буридан	[buridan]
plukken (bloemen ~)	кандан	[kandan]

191. Granen, graankorrels

graan (het)	дона, ғалла	[dona], [ʁalla]
graangewassen (mv.)	растаниҳои ғалладона	[rastanihoi ʁalladona]
aar (de)	хӯша	[χœʃa]

tarwe (de)	гандум	[gandum]
rogge (de)	чавдор	[dʒavdor]
haver (de)	ҳуртумон	[hurtumon]
gierst (de)	арзан	[arzan]
gerst (de)	чав	[dʒav]

maïs (de)	чуворимакка	[dʒuvorimakka]
rijst (de)	шолй, биринч	[ʃoli:], [birindʒ]
boekweit (de)	марчумак	[mardʒumak]

erwt (de)	нахӯд	[naχœd]
boon (de)	лӯбиё	[lœbijɔ]

soja (de)	**соя**	[soja]
linze (de)	**наск**	[nask]
bonen (mv.)	**лӯбиё**	[lœbijɔ]

REGIONALE AARDRIJKSKUNDE

Landen. Nationaliteiten

192. Politiek. Overheid. Deel 1

politiek (de)	сиёсат	[sijɔsat]
politiek (bn)	сиёсй	[sijɔsi:]
politicus (de)	сиёсатмадор	[sijɔsatmadɔr]
staat (land)	давлат	[davlat]
burger (de)	гражданин	[graӡdanin]
staatsburgerschap (het)	гражданият	[graӡdanijat]
nationaal wapen (het)	нишони миллй	[niʃoni milli:]
volkslied (het)	гимн	[gimn]
regering (de)	хукумат	[hukumat]
staatshoofd (het)	раиси кишвар	[raisi kiʃvar]
parlement (het)	мачлис	[madӡlis]
partij (de)	хизб	[hizb]
kapitalisme (het)	капитализм	[kapitalizm]
kapitalistisch (bn)	капиталистй	[kapitalisti:]
socialisme (het)	сотсиализм	[sotsializm]
socialistisch (bn)	сотсиалистй	[sotsialisti:]
communisme (het)	коммунизм	[kommunizm]
communistisch (bn)	коммунистй	[kommunisti:]
communist (de)	коммунист	[kommunist]
democratie (de)	демократия	[demokratija]
democraat (de)	демократ	[demokrat]
democratisch (bn)	демократй	[demokrati:]
democratische partij (de)	хизби демократй	[hizbi demokrati:]
liberaal (de)	либерал	[liberal]
liberaal (bn)	либералй, ... и либерал	[liberali:], [i liberal]
conservator (de)	консерватор	[konservator]
conservatief (bn)	консервативй	[konservativi:]
republiek (de)	чумхурият	[dӡumhurijat]
republikein (de)	чумхурихох	[dӡumhurixoh]
Republikeinse Partij (de)	хизби чумхурихохон	[hizbi dӡumhurixohon]
verkiezing (de)	интихобот	[intixobot]
kiezen (ww)	интихоб кардан	[intixob kardan]
kiezer (de)	интихобкунанда	[intixobkunanda]

verkiezingscampagne (de)	маъракаи интихоботӣ	[ma'rakai intixoboti:]
stemming (de)	овоздиҳӣ	[ovozdihi:]
stemmen (ww)	овоз додан	[ovoz dodan]
stemrecht (het)	ҳуқуқи овоздиҳӣ	[huquqi ovozdihi:]

kandidaat (de)	номзад	[nomzad]
zich kandideren	номзад интихоб шудан	[nomzad intixob ʃudan]
campagne (de)	маърака	[ma'raka]

| oppositie- (abn) | мухолиф | [muxolif] |
| oppositie (de) | оппозитсия | [oppozitsija] |

bezoek (het)	ташриф	[taʃrif]
officieel bezoek (het)	ташрифи расмӣ	[taʃrifi rasmi:]
internationaal (bn)	байналхалқӣ	[bajnalxalqi:]

| onderhandelingen (mv.) | гуфтугузор | [guftuguzor] |
| onderhandelen (ww) | гуфтушунид гузарондан | [guftuʃunid guzarondan] |

193. Politiek. Overheid. Deel 2

maatschappij (de)	ҷамъият	[dʒam'ijat]
grondwet (de)	конститутсия	[konstitutsija]
macht (politieke ~)	ҳокимият	[hokimijat]
corruptie (de)	ришватхӯрӣ	[riʃvatxœri:]

| wet (de) | қонун | [qonun] |
| wettelijk (bn) | қонунӣ, ... и қонун | [konuni:], [i konun] |

| rechtvaardigheid (de) | ҳаққоният | [haqqonijat] |
| rechtvaardig (bn) | ҳаққонӣ | [haqqoni:] |

comité (het)	комитет	[komitet]
wetsvoorstel (het)	лоиҳаи қонун	[loihai qonun]
begroting (de)	буҷет	[budʒet]
beleid (het)	сиёсат	[sijɔsat]
hervorming (de)	ислоҳот	[islohot]
radicaal (bn)	радикалӣ	[radikali:]

macht (vermogen)	қувва	[quvva]
machtig (bn)	тавоно	[tavono]
aanhanger (de)	тарафдор	[tarafdor]
invloed (de)	таъсир, нуфуз	[ta'sir], [nufuz]

regime (het)	тартибот	[tartibot]
conflict (het)	низоъ	[nizo']
samenzwering (de)	суиқасд	[suiqasd]
provocatie (de)	иғво	[iɦvo]

omverwerpen (ww)	сарнагун кардан	[sarnagun kardan]
omverwerping (de)	сарнагун кардани	[sarnagun kardani]
revolutie (de)	инқилоб	[inqilob]
staatsgreep (de)	табаддулот	[tabaddulot]
militaire coup (de)	табаддулоти ҳарби	[tabadduloti harbi]

crisis (de)	бӯхрон	[bœhron]
economische recessie (de)	таназзули иқтисодӣ	[tanazzuli iqtisodi:]
betoger (de)	намоишгар	[namoiʃgar]
betoging (de)	намоиш	[namoiʃ]
krijgswet (de)	вазъияти ҷанг	[vaz'ijati dʒang]
militaire basis (de)	пойгоҳи ҳарбӣ	[pojgohi harbi:]
stabiliteit (de)	устуворӣ	[ustuvori:]
stabiel (bn)	устувор	[ustuvor]
uitbuiting (de)	истисмор	[istismor]
uitbuiten (ww)	истисмор кардан	[istismor kardan]
racisme (het)	нажодпарастӣ	[naʒodparasti:]
racist (de)	нажодпараст	[naʒodparast]
fascisme (het)	фашизм	[faʃizm]
fascist (de)	фашист	[faʃist]

194. Landen. Diversen

vreemdeling (de)	хоричӣ	[χoridʒi:]
buitenlands (bn)	хоричӣ	[χoridʒi:]
in het buitenland (bw)	дар хорича	[dar χoridʒa]
emigrant (de)	мухочир	[muhodʒir]
emigratie (de)	мухочират	[muhodʒirat]
emigreren (ww)	мухочират кардан	[muχodʒirat kardan]
Westen (het)	Fарб	[ʁarb]
Oosten (het)	Шарқ	[ʃarq]
Verre Oosten (het)	Шарқи Дур	[ʃarqi dur]
beschaving (de)	тамаддун	[tamaddun]
mensheid (de)	башарият	[baʃarijat]
wereld (de)	дунё	[dunjɔ]
vrede (de)	сулх	[sulh]
wereld- (abn)	чаҳонӣ	[dʒahoni:]
vaderland (het)	ватан	[vatan]
volk (het)	халқ	[χalq]
bevolking (de)	аҳолӣ	[aholi:]
mensen (mv.)	одамон	[odamon]
natie (de)	миллат	[millat]
generatie (de)	насл	[nasl]
gebied (bijv. bezette ~en)	хок	[χok]
regio, streek (de)	минтақа	[mintaqa]
deelstaat (de)	штат	[ʃtat]
traditie (de)	анъана	[an'ana]
gewoonte (de)	одат	[odat]
ecologie (de)	экология	[ɛkologija]
Indiaan (de)	ҳиндуи Америка	[hindui amerika]
zigeuner (de)	лӯлӣ	[lœli:]

zigeunerin (de)	лӯлизан	[lœlizan]
zigeuner- (abn)	... и лӯлӣ	[i lœli:]

rijk (het)	империя	[imperija]
kolonie (de)	мустамлика	[mustamlika]
slavernij (de)	ғуломӣ	[ʁulomi:]
invasie (de)	тохтутоз	[toχtutoz]
hongersnood (de)	гуруснагӣ	[gurusnagi:]

195. Grote religieuze groepen. Bekentenissen

religie (de)	дин	[din]
religieus (bn)	динӣ	[dini:]

geloof (het)	ақоиди динӣ	[aqoidi dini:]
geloven (ww)	бовар доштан	[bovar doʃtan]
gelovige (de)	имондор	[imondor]

atheïsme (het)	атеизм, бединӣ	[ateizm], [bedini:]
atheïst (de)	атеист, бедин	[ateist], [bedin]

christendom (het)	масеҳият	[masehijat]
christen (de)	масеҳӣ	[masehi:]
christelijk (bn)	масеҳӣ	[masehi:]

katholicisme (het)	мазҳаби католикӣ	[mazhabi katoliki:]
katholiek (de)	католик	[katolik]
katholiek (bn)	католикӣ	[katoliki:]

protestantisme (het)	Мазҳаби протестантӣ	[mazhabi protestanti:]
Protestante Kerk (de)	Калисои протестантӣ	[kalisoi protestanti:]
protestant (de)	протестант	[protestant]

orthodoxie (de)	Православӣ	[pravoslavi:]
Orthodoxe Kerk (de)	Калисои православӣ	[kalisoi pravoslavi:]
orthodox	православӣ	[pravoslavi:]

presbyterianisme (het)	Мазҳаби пресвитерӣ	[mazhabi presviteri:]
Presbyteriaanse Kerk (de)	Калисои пресвитерӣ	[kalisoi presviteri:]
presbyteriaan (de)	пресвитерӣ	[presviteri:]

lutheranisme (het)	калисои лютеранӣ	[kalisoi ljuterani:]
lutheraan (de)	лютермазҳаб	[ljutermazhab]

baptisme (het)	баптизм	[baptizm]
baptist (de)	баптист, пайрави баптизм	[baptist], [pajravi baptizm]

Anglicaanse Kerk (de)	калисои англиканӣ	[kalisoi anglikani:]
anglicaan (de)	англиканӣ	[anglikani:]
mormonisme (het)	мазҳаби мормонӣ	[mazhabi mormoni:]
mormoon (de)	мормон	[mormon]
Jodendom (het)	яҳудият	[jahudijat]
jood (aanhanger van het Jodendom)	яҳуди	[jahudi]

boeddhisme (het)	буддизм	[buddizm]
boeddhist (de)	буддой	[buddoi:]
hindoeïsme (het)	Ҳиндуия	[hinduija]
hindoe (de)	ҳиндуй	[hindui:]
islam (de)	Ислом	[islom]
islamiet (de)	мусулмон	[musulmon]
islamitisch (bn)	мусулмонӣ	[musulmoni:]
sjiisme (het)	Мазҳаби шиа	[mazhabi ʃia]
sjiiet (de)	шиа	[ʃia]
soennisme (het)	Мазҳаби суннӣ	[mazhabi sunni:]
soenniet (de)	сунниён	[sunnijɔn]

196. Religies. Priesters

priester (de)	рӯҳонӣ	[rœhoni:]
paus (de)	папаи Рим	[papai rim]
monnik (de)	роҳиб	[rohib]
non (de)	роҳиба	[rohiba]
pastoor (de)	пастор	[pastor]
abt (de)	аббат	[abbat]
vicaris (de)	викарий	[vikarij]
bisschop (de)	епископ	[episkop]
kardinaal (de)	кардинал	[kardinal]
predikant (de)	воиз	[voiz]
preek (de)	ваъз	[va'z]
kerkgangers (mv.)	аҳли калисо	[ahli kaliso]
gelovige (de)	имондор	[imondor]
atheïst (de)	атеист, бедин	[ateist], [bedin]

197. Geloof. Christendom. Islam

Adam	Одам	[odam]
Eva	Ҳавво	[havvo]
God (de)	Худо, Оллоҳ	[χudo], [olloh]
Heer (de)	Худо	[χudo]
Almachtige (de)	қодир	[qodir]
zonde (de)	гуноҳ	[gunoh]
zondigen (ww)	гуноҳ кардан	[gunoh kardan]
zondaar (de)	гунаҳкор	[gunahkor]
zondares (de)	зани гунаҳгор	[zani gunahgor]
hel (de)	дӯзах, ҷаҳаннам	[dœzaχ], [dʒahannam]
paradijs (het)	биҳишт	[bihiʃt]

Jezus	Исо	[iso]
Jezus Christus	Исои Масеҳ	[isoi maseh]
Heilige Geest (de)	Рӯҳулқудс	[rœhulquds]
Verlosser (de)	Наҷоткор	[nadʒotkor]
Maagd Maria (de)	Бибӣ Марям	[bibi: marjam]
Satan	Шайтон	[ʃajton]
satanisch (bn)	шайтонӣ	[ʃajtoni:]
engel (de)	малак, фаришта	[malak], [fariʃta]
beschermengel (de)	фариштаи нигаҳбон	[fariʃtai nigahbon]
engelachtig (bn)	… и малак, … и фаришта	[i malak], [i fariʃta]
apostel (de)	апостол, ҳаворӣ	[apostol], [havori:]
aartsengel (de)	малоикаи муқарраб	[maloikai muqarrab]
antichrist (de)	даҷҷол, хари даҷҷол	[dadʒdʒol], [χari dadʒdʒol]
Kerk (de)	Калисо	[kaliso]
bijbel (de)	Таврот ва Инҷил	[tavrot va indʒil]
bijbels (bn)	Навиштаҷотӣ	[naviʃtadʒoti:]
Oude Testament (het)	Аҳди қадим	[ahdi qadim]
Nieuwe Testament (het)	Аҳди Ҷадид	[ahdi dʒadid]
Heilige Schrift (de)	Навиштаҷоти Илоҳӣ	[naviʃtadʒoti ilohi:]
Hemel, Hemelrijk (de)	Осмон, Подшоҳии Худо	[osmon], [podʃohi:i χudo]
gebod (het)	фармон	[farmon]
profeet (de)	пайғамбар	[pajʁambar]
profetie (de)	пайғамбарӣ	[pajʁambari:]
Allah	Оллоҳ	[olloh]
Mohammed	Муҳаммад	[muhammad]
Koran (de)	қуръон	[qur'on]
moskee (de)	масҷид	[masdʒid]
moellah (de)	мулло	[mullo]
gebed (het)	намозхонӣ	[namozχoni:]
bidden (ww)	намоз хондан	[namoz χondan]
pelgrimstocht (de)	зиёрат	[zijorat]
pelgrim (de)	зиёраткунанда	[zijoratkunanda]
Mekka	Макка	[makka]
kerk (de)	калисо	[kaliso]
tempel (de)	ибодатгоҳ	[ibodatgoh]
kathedraal (de)	собор	[sobor]
gotisch (bn)	готики	[gotiki]
synagoge (de)	каниса	[kanisa]
moskee (de)	масҷид	[masdʒid]
kapel (de)	калисои хурд	[kalisoi χurd]
abdij (de)	аббатӣ	[abbati:]
nonnenklooster (het)	дайр	[dajr]
mannenklooster (het)	дайри мардон	[dajri mardon]
klok (de)	ноқус, зангӯла	[noqus], [zangœla]

| klokkentoren (de) | зангӯлахона | [zangœlaχona] |
| luiden (klokken) | занг задан | [zang zadan] |

kruis (het)	салиб	[salib]
koepel (de)	гунбаз	[gunbaz]
icoon (de)	икона	[ikona]

lot, noodlot (het)	тақдир	[taqdir]
kwaad (het)	бадӣ	[badi:]
goed (het)	некӣ	[neki:]

vampier (de)	вампир	[vampir]
heks (de)	ҷодугарзан, албастӣ	[dʒodugarzan], [albasti:]
demoon (de)	азозил	[azozil]

| verzoeningsleer (de) | кафорат | [kaforat] |
| vrijkopen (ww) | кафорат кардан | [kaforat kardan] |

mis (de)	ибодат	[ibodat]
de mis opdragen	ибодат кардан	[ibodat kardan]
biecht (de)	омурзиш	[omurziʃ]
biechten (ww)	омурзиш хостан	[omurziʃ χostan]

heilige (de)	муқаддас	[muqaddas]
heilig (bn)	муқаддас	[muqaddas]
wijwater (het)	оби муқаддас	[obi muqaddas]

ritueel (het)	маросим	[marosim]
ritueel (bn)	маросимӣ	[marosimi:]
offerande (de)	қурбонӣ	[qurboni:]

bijgeloof (het)	хурофот	[χurofot]
bijgelovig (bn)	хурофотпараст	[χurofotparast]
hiernamaals (het)	охират	[oχirat]
eeuwige leven (het)	ҳаёти абадӣ	[hajoti abadi:]

DIVERSEN

198. Diverse nuttige woorden

achtergrond (de)	таг	[tag]
balans (de)	мизон	[mizon]
basis (de)	асос	[asos]
begin (het)	сар	[sar]
beurt (wie is aan de ~?)	навбат	[navbat]
categorie (de)	категория	[kategorija]
comfortabel (~ bed, enz.)	бароҳат	[barohat]
compensatie (de)	товон	[tovon]
deel (gedeelte)	қисм	[qism]
deeltje (het)	зарра	[zarra]
ding (object, voorwerp)	шайъ	[ʃaj']
dringend (bn, urgent)	зуд, фаврӣ	[zud], [favri:]
dringend (bw, met spoed)	зуд, фавран	[zud], [favran]
effect (het)	таъсир	[ta'sir]
eigenschap (kwaliteit)	хосият	[χosijat]
einde (het)	анчом	[andʒom]
element (het)	элемент	[ɛlement]
feit (het)	факт	[fakt]
fout (de)	хато	[χato]
geheim (het)	сир, роз	[sir], [roz]
graad (mate)	дараҷа	[daradʒa]
groei (ontwikkeling)	афзоиш, зиёдшавӣ	[afzoiʃ], [zijɔdʃavi:]
hindernis (de)	сад, монеа	[sad], [monea]
hinderpaal (de)	монеа	[monea]
hulp (de)	кумак	[kumak]
ideaal (het)	идеал	[ideal]
inspanning (de)	саъю кӯшиш	[sa'ju kœʃiʃ]
keuze (een grote ~)	интихоб	[intiχob]
labyrint (het)	лабиринт	[labirint]
manier (de)	тарз	[tarz]
moment (het)	лаҳза, дам	[lahza], [dam]
nut (bruikbaarheid)	фоида	[foida]
onderscheid (het)	фарқ, тафриқа	[farq], [tafriqa]
ontwikkeling (de)	пешравӣ	[peʃravi:]
oplossing (de)	ҳал	[hal]
origineel (het)	нусхаи асл	[nusχai asl]
pauze (de)	фосила	[fosila]
positie (de)	мавқеъ	[mavqe']
principe (het)	принсип	[prinsip]

186

probleem (het)	масъала	[mas'ala]
proces (het)	чараён	[dʒarajɔn]
reactie (de)	аксуламал	[aksulamal]
reden (om ~ van)	сабаб	[sabab]
risico (het)	хатар, таваккал	[xatar], [tavakkal]
samenvallen (het)	рост омадани	[rost omadani]
serie (de)	силсила	[silsila]
situatie (de)	вазъият	[vaz'ijat]
soort (bijv. ~ sport)	навъ	[nav']
standaard (bn)	стандартй	[standarti:]
standaard (de)	стандарт	[standart]
stijl (de)	услуб	[uslub]
stop (korte onderbreking)	танаффус	[tanaffus]
systeem (het)	тартиб	[tartib]
tabel (bijv. ~ van Mendelejev)	чадвал	[dʒadval]
tempo (langzaam ~)	суръат	[sur'at]
term (medische ~en)	истилох	[istiloh]
type (soort)	хел	[xel]
variant (de)	вариант	[variant]
veelvuldig (bn)	зуд-зуд	[zud-zud]
vergelijking (de)	муқоисакунй	[muqoisakuni:]
voorbeeld (het goede ~)	мисол, назира	[misol], [nazira]
voortgang (de)	тараққй	[taraqqi:]
voorwerp (ding)	объект	[ob'ekt]
vorm (uiterlijke ~)	шакл	[ʃakl]
waarheid (de)	хақиқат	[haqiqat]
zone (de)	минтақа	[mintaqa]

www.ingramcontent.com/pod-product-compliance
Lightning Source LLC
LaVergne TN
LVHW051308080426
835509LV00020B/3177